Das Buch

Verzweifelt und voller Angst rief Annette Rexrodt von Fircks nach der Diagnose ihre Psychologin an. Die sagte nur wenige Worte: »Entscheiden Sie sich für das Leben.« Mit diesem Satz im Herzen besiegte die junge Frau ihre Ängste, sie überstand alle Untersuchungen und Behandlungen, die traurigen Blicke von Verwandten und Freunden und die Hoffnungslosigkeit der Ärzte.
Auf dem Weg zur Besserung schrieb sie einen Brief, der anderen Betroffenen Mut machen soll. Wie ein Lauffeuer verbreitete sich dieses Schreiben deutschlandweit in den Tumorzentren, Frauenstationen und Reha-Kliniken. Die Resonanz war überwältigend und bald wurde aus dem Brief ein Buch …

Die Autorin

Annette Rexrodt von Fircks, geboren 1962 in Essen, ist Diplom-Übersetzerin und Dolmetscherin für Französisch, Spanisch und Englisch. Sie lebt mit ihrem Mann und ihren drei Kindern in der Nähe von Düsseldorf.

Annette Rexrodt von Fircks

… und flüstere mir vom Leben

Wie ich den Krebs überwand

Ullstein

Ullstein Taschenbuchverlag
Der Ullstein Taschenbuchverlag ist ein Unternehmen der
Econ Ullstein List Verlag GmbH & Co. KG, München
4. Auflage 2001
© 2001 by Econ Ullstein List Verlag
GmbH & Co. KG, München
Umschlagkonzept:
Lohmüller Werbeagentur GmbH & Co. KG, Berlin
Umschlaggestaltung: Thomas Jarzina
Titelabbildung: Dr. Michael Piontek
Gesetzt aus der Meridien Roman
Satz: KompetenzCenter, Düsseldorf
Druck und Bindearbeiten: Elsnerdruck, Berlin
Printed in Germany
ISBN 3-548-36342-3

Dieses Buch widme ich

Frau Gabriele Jaeth, die mir im entscheidenden Augenblick die richtigen Worte sagte,

meiner Familie, die immer für mich da ist,

allen Ärzten, die aus Liebe (be)handeln …,

dem »Erstlektor« dieses Buches, meinem Mann.

Inhalt

Station 3 – Uniklinik   9
Rehabilitation 15
Die Entdeckung 17
Intuition 20
Plötzliche Stille 24
Die Entscheidung 27
Eine wundersame Zeit 35
Heilkraft Liebe …
 und die innere Stimme 43
Die Macht unserer Gedanken 58
Vorbereitung auf die Chemotherapie . . . 65
Tumorklinik und der erste Chemokurs . . 69
Wieder zu Hause 77
Gedanken wurden Wirklichkeit 84
Krankenhaus – Ärzte –
 und der Patient 91
Statistiken … und über die Hoffnung . . . 98
Schönheit 105
Die Bestrahlung 114
Urlaub 122

Zurück in den »Alltag« 127
Nachuntersuchungen 140
Die Kinder 147
Gesund leben 159
Suspekte Befunde 168
Mutter-und-Kind-Kur 180
Station 3 – Uniklinik 187
In die Zukunft 199

Literaturverzeichnis 202
Adressen 206

Station 3 – Uniklinik

Da leuchtet doch etwas, was ist das? Ich öffne meine Augenlider ein wenig mehr. Tausend kleine Farbkleckse tanzen in der Ferne. Rote, gelbe, goldene, braune ... sie strahlen, fast blenden sie mich. Es sind die letzten Blätter, die der Herbstwind vom Baum schüttelt, ein kleines, durch wenige Sonnenstrahlen eingefangenes Feuerwerk am wolkenverhangenen Himmel.

Eine Straßenbahn donnert unter meinem Fenster vorbei, Türen höre ich schlagen, irgendwo sind Bauarbeiter zugange, ein Kind weint, dann höre ich Schritte auf dem Gang, sie nähern sich meiner Tür. Sie werden wieder leiser, ich bin noch nicht dran.

Dieser wunderschöne »Herbstbaum«, diese Geräusche, Alltagsgeräusche, die mir so vertraut sind, mein Gott, wie gerne wäre ich jetzt da unten auf der Straße, mitten im Leben, an diesem Novembertag 1999.

Wieder höre ich das Weinen des Kindes, ein trauriges Weinen. Ob es hier auf der Kinderstation liegt? So könnte sich auch das Weinen eines meiner Kinder anhören. Sind sie traurig, dass ich wieder weg bin? Oder bin ich so traurig? Wie viel Zeit musste ich schon auf meine Liebsten verzichten! Nein, ich werde sie nicht allein lassen, denn ich werde noch lange auf dieser wunderbaren Welt leben!

Meine Augenlider werden schwerer, die kleine Beruhigungspille fängt an zu wirken. Mit OP-Kittel und weißen Kompressionsstrümpfen liege ich auf der orthopädischen Station in der Uniklinik. Gleich werde ich wieder Schritte hören, aber dann wird bestimmt die Tür aufgehen …

Vielleicht habe ich ja noch etwas Zeit.

Ich schließe meine Augen und rufe Tom, meinen inneren Ratgeber. Er meldet sich nicht sofort, doch dann erscheint er, diesmal in der Gestalt einer wonnigen, braunen Katze. Ich schaue in seine warmen Augen, und so verharren wir eine Weile. »Tom, bitte sag mir, wird alles gut gehen?«

Tom springt auf meinen Schoß und schmiegt sich an mich. Er gibt mir ein Zeichen: Ja.

Oh Tom, ich liebe dich.

Die Tür wird geöffnet, meine Krankenakte an das Fußende meines Bettes gelegt, die

Bremsen werden gelöst, zwei Schwestern, eine vorne und eine hinten, schieben mich mit dem Bett aus dem Zimmer hinaus. Jetzt ist es soweit. Wir müssen durch einen langen Flur mit hoher, weißer Decke, dann mit dem Fahrstuhl hinunter.

Ist der Weg lang oder kurz? »Tom, bleib bei mir!« Tom kuschelt weiterhin mit mir.

Das Bett rollt über den Boden – schnell, ja, so schnell kann ein Leben vorbei sein, so schnell wie der Weg von meinem Zimmer bis in den OP, denke ich.

Wir sind da, ich werde in den Vorbereitungsraum geschoben, die Anästhesisten empfangen mich freundlich. »Verkabelt« höre ich mein Herz über einen Monitor. Ich bin traurig, Tränen steigen hoch, es werden immer mehr, ich will sie aufhalten, doch schon kullern sie mir über die Wangen. In meine Armvene wird eine Braunüle gelegt – ein Zugang für die Medikamente. Ich weiß, gleich spüre ich nichts mehr, gleich schlafe ich . . .

Während ich nun wegen des Verdachtes auf Metastasen am Becken operiert werde, erzählt Tom – Tom ist mein innerstes Wesen, meine Seele – von dem, was in den letzten Jahren meines Lebens geschehen ist.

Nichts ist mehr so wie früher. »Ich hatte Krebs« ist so sehr in meinem Bewusstsein und Unterbewusstsein verankert, dass es mich immer begleitet, ganz gleich, ob ich nun tanze, Hausarbeit mache, lache oder weine oder den Kindern ein Marmeladenbrot streiche. Dieser Begleiter, der zu keiner Zeit verschwindet, macht mich aber keineswegs melancholisch oder raubt mir meine Lebensfreude; vielmehr hat er mich zu »leben« gelehrt, meine Sinne geschärft für alles »Lebendige« auf dieser Welt. Es ist, als ob wirkliches Leben in mein Dasein getreten ist, wirkliche Freude, wirkliche Traurigkeit, wirklicher Sommer und wirklicher Winter, wirkliches Gelb und wirkliches Grün.

Es ist die Gegenwart mein höchstes Gut, das Einzige, was ich wirklich habe und immer zu schätzen weiß. Dieses »Lebensglück« ist mir nicht zugeflogen. Ich stand vor 21 Monaten ohnmächtig am Abgrund, musste mich neu entscheiden für mein Leben, und dies bedeutete, mich selbst für das Leben neu zu gewinnen, einzutauchen in meinen Körper und meine Seele, um zu lauschen, was sie mir erzählten. Zu ergründen, welcher Sinn sich darin verbarg, dass ich am Abgrund stehen musste und – zu handeln.

Wir alle sitzen in dem selben Boot und ich bin mir sicher, dass jeder von uns seine Lebenskrisen meistern und sogar als Chance für ein neues Leben nutzen kann. In uns liegen so viele verborgene Schätze und wir ahnen gar nicht, wie viel Energie uns zur Verfügung stehen könnte, würden wir diese enthüllen und mit in unser Leben nehmen.

Daher möchte ich mit diesem Buch meine positiven Erfahrungen weitergeben, Erfahrungen, die mein Leben retteten, zum Strahlen brachten und der Liebe alle Schranken öffneten, und ... ich möchte Mut machen: Jeder, der krank ist, hat die Möglichkeit, sich an seiner Genesung selbst aktiv zu beteiligen, nicht mehr Opfer der Krankheit zu sein, sondern zum Täter seiner Gesundheit zu werden.

Tom fängt nun an zu erzählen. Tom – das bin ich.

Ich bin Tom.

Ich habe immer geglaubt, 100 Jahre alt zu werden, erst Mutter zu sein, dann Oma und schließlich Uroma.

Ich sah mich mit meiner Schwester und mit unseren »Krückstöcken« auf einer Parkbank sitzend über alte Zeiten plaudern.

Mit diesem vermeintlichen Freibrief auf ein langes Leben lebte ich tagein, tagaus, bis er mir eines Tages aus der Tasche fiel.

Rehabilitation

Ich stieg in eine große Badewanne, voll gefüllt mit warmem Wasser. Eine rötliche Flüssigkeit wurde hinzugegeben und dann der Strom eingeschaltet. Es prickelte wie tausend Stecknadeln auf meiner Haut. Ich fing gerade an, mich zu entspannen, als ein stechender Schmerz durch meine rechte Brust zuckte. Ich fasste an die Stelle, knetete sie ein bisschen und der Schmerz verschwand. »Seltsam« dachte ich, dann schweiften meine Gedanken ab zu meinen Kindern und meinem Mann, die zu der Zeit zu Hause ohne mich auskommen mussten. Es war März 1998 und ich befand mich in einer Rehabilitationsklinik, fern meines Heimatortes, in Neustadt an der Ostsee, um die Spuren einer Hüftgelenksentzündung behandeln zu lassen. Diese Reha hatte ich sehr nötig, die letzten Monate waren doch anstrengend gewesen. So viele Aufgaben waren gleichzeitig zu erledigen, Mutter von drei Kindern, Haus- und Ehefrau, Halbtagsjob bei einer amerikanischen Firma. Aber so hatte ich es gewollt: Viel Ablenkung, nur nicht zu viel Zeit zum Ausruhen! Dann kam im Januar noch eine Hüftgelenksentzündung hinzu, mit der ich drei Wochen im Krankenhaus lag. Ich hatte Angst, den Job zu verlieren und ging direkt nach dem Aufenthalt in der Klinik wieder arbeiten – an Gehhilfen. Ich wurde zusehends schwächer, verlor immens an Gewicht, meine Mundwinkel rissen ein und wollten gar nicht mehr heilen, mein linkes Augenlid zuckte unaufhörlich. Die Hüfte tat mir weh, ich schluckte Schmerztabletten und machte weiter. »Friss oder stirb«, sagte ich mir – und waren da nicht auch dunkle Schatten unter meinen Augen? Aber dagegen gab es ja Schminke. Nun ja, die perfekte Frau, nach außen hin zumindest.

Das warme Wasser und das Prickeln auf meiner Haut taten mir so gut und ich war mir sicher, dass ich mich wunderbar erholen würde und meine Hüfte sich ebenso.

Die Entdeckung

Das pulsierende Stechen in der rechten Brust wiederholte sich immer wieder im Stangerbad, so dass ich mir nach der fünften Sitzung vornahm, abends gründlich nachzuschauen. So stand ich dann nackt vor einem großen, an einer Schranktür befestigten Spiegel. Ich hob die Arme hoch und drehte mich nach allen Seiten, und plötzlich sah ich es: Die gesamte Haut der rechten Brustaußenseite war wie bei einer Orange leicht eingezogen. Ich bekam Herzklopfen, beugte mich nach vorne und nahm die Brust in meine Hand. Mir stockte der Atem, das konnte doch nicht sein, ich hatte einen Stein in der Hand. Ich fühlte immer wieder und zum Vergleich auch die andere Seite. Es half nicht, da war ein riesengroßer Wackerstein in meiner rechten Brust. Es war 21:00 Uhr, ein Arzt nicht mehr zu erreichen. Ich musste ausharren bis zum nächsten Morgen! Ein Warten, das ich nie vergessen werde.

Da saß ich nun in Neustadt allein in meinem Zimmer, mit einem herrlichen Ausblick auf die Ostsee. Es war schon dunkel, das Fenster geöffnet, man konnte das Meeresrauschen hören. Sollte ich mich hier erholen oder mein Leben retten?

Mein Herz raste, mir wurde schlecht, ich musste zur Toilette, ich bekam Durchfall. Eine wahnsinnige Angst verschlang mich. Meine Gedanken kreisten und kreisten: Ist er wohl bösartig, dieser riesige Knoten, der meine ganze Brust ausfüllt? Nein, das kann doch nicht sein, ich bin doch noch viel zu jung, alle drei Kinder habe ich gestillt, und zu den Vorsorgeuntersuchungen bin ich auch zwei mal im Jahr gegangen, und immer war alles in bester Ordnung gewesen. Außerdem hatte ich nie Angst vor Brustkrebs gehabt, das war für mich einfach nie ein Thema. Die Risikofaktoren Übergewicht, Zigaretten- oder Alkoholkonsum kamen bei mir nicht in Betracht – obwohl: Meine Mutter hatte Brustkrebs und sie war auch ziemlich jung gewesen ...

Vielleicht ist es ja auch eine gutartige Geschwulst – vielleicht – bitte, bitte, lass es gutartig sein!

Um 23:00 Uhr, nachdem ich zigmal die Brust durchgeknetet hatte, ohne Erfolg, denn der Stein wurde nicht weicher und wich auch nicht von der Stelle, legte ich mich ins Bett und durchlebte eine furchteinflößende Nacht. In einem halbwachen Dämmerzustand sah ich meine unmittelbare Zukunft …

Intuition

Als ich am Morgen aufstand, wusste ich, was zu tun war. Um 7:00 Uhr suchte ich die Stationsschwester auf und sagte ihr mit fast panischer Stimme, dass ich wegen eines riesigen Tumors in der Brust sofort, aber wirklich sofort, zu einem Gynäkologen müsse. Die Schwester glaubte wohl, ich wäre ein bisschen hysterisch und meinte: »Über Nacht können keine riesigen Tumore wachsen, Frau Rexrodt von Fircks, jetzt gehen Sie erst einmal ruhig frühstücken.«

Ich bestand aber darauf, dass sie mir das Branchenverzeichnis holte, aus dem ich mir alle Gynäkologen der Stadt heraussuchte. Diese rief ich dann im Fünfminutentakt nacheinander an. »Einer wird doch wohl noch vor 8:00 Uhr morgens die Praxis öffnen«, sagte ich mir, und mit zittrigen Fingern wählte und wählte ich immer wieder. Ich konnte einfach nicht mehr warten.

Endlich! Eine Sprechstundenhelferin meldete sich, ich könne sofort kommen.

Die Gynäkologin tastete die Brust ab und schickte mich auf mein Drängen hin sofort zur Mammographie.

Ich musste mit dem Taxi nach Eutin, und ich kann mich noch sehr genau an meine Gefühle während dieser Fahrt erinnern. Alles fühlte sich dumpf an, so als wäre mein Kopf in Watte eingepackt gewesen. Der Taxifahrer schwärmte mir die ganze Zeit etwas von der schönen Landschaft vor, aber er hätte auch chinesisch sprechen können, ich hatte nichts verstanden. Ich verstand überhaupt gar nichts mehr. Einen Tag zuvor hatte ich noch mit meinen Kindern gesprochen und mir Sorgen gemacht, ob sie auch täglich frische Wäsche bekämen, und nun... sollte mir der Boden weggerissen und mein Leben zerschlagen werden?

Ich hatte Angst!

Die Ampel zeigte Rot, wir blieben stehen. Ich sah die vielen Autos und fragte mich, was die Menschen in diesen Autos in diesem Moment wohl dachten und fühlten. Wollten sie ans Meer und einen Strandspaziergang machen, jemanden besuchen oder einkaufen gehen? Vorgestern war alles noch normal, wie gerne hätte ich vorgestern!

Der Radiologe machte mehrere Aufnahmen von meiner Brust, und dann musste ich in einer kleinen Umkleidekabine warten.

»Kein Tumor«, hörte ich den Radiologen sagen. Ich sprang aus der Kabine heraus und schrie: »Was? Kein Tumor? Wirklich kein Tumor? Wirklich nicht?«

Um ganz sicher zu gehen wurde noch ein Dopplerultraschall gemacht. Und auch diesmal hieß es »KEIN TUMOR«.

»Sie haben eine Mastitis, d. h. eine Brustentzündung, die antibiotisch behandelt werden muss.«

Der Radiologe telefonierte mit der Gynäkologin, gab mir den Befund noch handschriftlich mit und verabschiedete sich mit den Worten: »Seien Sie froh, wäre diese massive Schwellung in Ihrer Brust durch einen Tumor bedingt, stünde es sehr schlecht um Sie.«

Kein Tumor!!!

So langsam begann ich zu entspannen und mir gelang es sogar, die schöne Umgebung auf der Fahrt zurück wahrzunehmen.

Aber so richtig »loslassen« konnte ich nicht, irgend etwas in mir blieb weiterhin unruhig, ängstlich und warnend. Als ich erneut der Gynäkologin gegenüber saß und sie mir ein Rezept für ein Antibiotikum schrieb, fiel mir plötzlich ein, dass meine Blutwerte, einen Tag zuvor bestimmt, hervorragend gewesen waren. Die weißen Blutkörperchen, also die Leukozyten, sowie alle Entzündungsparameter lagen im Normbereich. Brustentzündung diesen Ausmaßes und dann so gute Blutwerte? Nein, da stimmt doch was nicht! Und müsste meine Brust nicht gerötet und extrem schmerzempfindlich sein?

Die Ärztin gab mir das Rezept und sagte: »Tetrazyclin, das nehmen Sie jetzt zwei Wochen lang, danach kommen Sie noch einmal vorbei, Wiederholung der Mammographie in sechs Monaten. Die Brustschwellung kann übrigens noch Wochen anhalten.«

Wie gerne hätte ich die Diagnose Brustentzündung angenommen, wie liebend gerne! Am liebsten wäre ich auch mit dem Antibiotikum zurück in die Reha gegangen, aber es war die innere Stimme, die sich meldete, eine Intuition, ich müsse meine eigene Haut retten, und zwar jetzt sofort.

Also beharrte ich darauf, für eine weitere diagnostische Abklärung in die nächstgelegene Uniklinik eingewiesen zu werden.

Nicht auszudenken, was geschehen wäre, hätte ich nicht auf meine innere Stimme gehört!

Plötzliche Stille

In der Uniklinik schickte mich der Professor sofort zur Kernspintomographie, auch er glaubte nicht an eine Brustentzündung.

Abends gegen 20:00 Uhr kam ich in die »Röhre«, mit Stöpseln in den Ohren, auf dem Bauch liegend und vor Angst schweißgebadet.

»Mein Gott, lieber Gott, lass es nicht Krebs sein, bitte nicht, ich will doch noch leben, ich bitte dich...« Ich betete unaufhörlich die ganzen dreißig Minuten in dieser »Röhre«.

Als ich dann mit dem Tisch wieder hinausgefahren wurde und die Betroffenheit des Radiologen sah, wusste ich Bescheid...

Ich hatte einen großen Tumor in meiner Brust.

Nur zu gut war mir bekannt, dass die besten Chancen einer Heilung bei Brustkrebs nur dann bestehen, wenn man nicht mehr so jung ist und der Tumor rechtzeitig erkannt wird, also noch relativ klein ist.

Ich weiß gar nicht mehr, wie ich wieder zurück zur Frauenklinik kam. Ich kann mich wirklich nicht erinnern, ob mich jemand begleitete, ob ich zu Fuß ging oder mit einem Transporter fuhr.

Am selben Abend wurden in der Frauenklinik nochmals Bilder von meiner Brust mit einem Dopplerultraschall gemacht. Die Untersuchung dauerte mindestens eine Stunde. Mehrere Ärzte führten sie durch.

»Acht mal vier Zentimeter«, hörte ich, und dann »Hier auch noch mal drei mal sechs Zentimeter.« Ich fing plötzlich so stark an zu zittern, dass ich nicht mehr ruhig liegen bleiben konnte, meine Zähne klapperten, eine Schwester nahm meine Hand und streichelte sie.

Ich wollte weinen, aber meine Augen blieben trocken, ich wollte schreien, aber meine Stimme versagte. Um mich herum wurde alles still, es gab kein oben und kein unten mehr, die Erde hörte auf sich zu drehen, die Zeit blieb stehen. Allein, ganz allein – mit mir – hörte ich mein Herz klopfen und spürte meinen Atem. Es war eine befremdende Stille, die sich in mir ausbreitete, meine Gefühle verstummen ließ, alles in mir zurückdrängte, alles Gewohnte und Vertraute mir fortnahm. Noch nie in meinem Leben war mir so deutlich klar geworden, wie allein man sein kann, wenn man am Abgrund steht.

Lebte ich noch oder wurde ich neu geboren?

Das war doch sicherlich alles nur ein Albtraum, nicht wahr? Ein Albtraum! Ich wollte erwachen, aber ich wachte nicht auf. Die Wirklichkeit war ein Albtraum.

Meine Welt brach zusammen.

Wem sollte ich diese schreckliche Nachricht mitteilen, meinem Mann, meinen Eltern, wer konnte mir in meiner Situation helfen und Mut machen?

Die Entscheidung

*E*ntscheiden Sie sich für das Leben.« Dieser Satz machte nicht dort Halt, wo sonst Sätze Halt machen, er ging viel tiefer, so tief wie ein Trank lebenssüßer Weisheit.

»Entscheiden Sie sich für das Leben«, sagte mir meine Psychologin, als ich sie am nächsten Morgen völlig verzweifelt anrief und um Rat bat.

Viel mehr sagte sie auch nicht.

Ich soll mich für das Leben entscheiden? Wieso soll ich mich für das Leben entscheiden? Hatte ich mich zu irgendeinem Zeitpunkt gegen das Leben entschieden? Zunächst verstand ich überhaupt nicht, was sie mir mit diesem Satz sagen wollte. Ich schaute hinaus auf die Straße. Ich sah Menschen, die den Bürgersteig entlang schlenderten, an einem Kiosk einkauften, eine Straße überquerten. Eine Frau zog mit der einen Hand ein

Kind hinter sich her, mit der anderen versuchte sie, ihren kleinen Hund durch eine sich auf Knopfdruck einziehende Hundeleine zu bändigen. Das Leben ging weiter, die Sonne schien ganz selbstverständlich, die Vögel stritten auf dem Ast einer Linde um die Wette, das Karussell da draußen drehte sich weiter, so als wäre nichts gewesen. Die Ampel schaltete auf Grün, eine »Oma« überquerte die Straße, Autos hielten an. Leben, zum Greifen nahe – und doch so weit weg. Unendliche Traurigkeit breitete sich in mir aus. Sollte ich jetzt schon, noch so jung, das irdische Leben, diesen wunderbaren Kreislauf ewiger Schöpfung, verlassen müssen? Oder hatte ich noch eine Chance?

Es war ein wunderschöner Tag im März und eine dicke Sonne an einem wolkenlosen Himmel strahlte mich an. Bald würde der Frühling kommen und das erste zarte Grün an den Zweigen der Linde vor meinem Fenster sprießen, bald würden die Vögel ihre Lieder singen ...

»Entscheiden Sie sich für das Leben, dann können Sie es schaffen«, die Worte meiner Psychologin hörte ich plötzlich wieder, mir war, als stünde sie direkt neben mir. Jeder Anfang hat ein Ende und jedes Ende einen Anfang. Sollte mein Leben einen neuen Anfang bekommen, sollte etwas Altes zu Ende gehen und etwas Neues entstehen? Mich für das Leben entscheiden, bedeutete das einen Neuanfang? Plötzlich wurden Erinnerungen wach, Erinnerungen der letzten vier Jahre. Ich sah die beiden Fehlgeburten nach meinem zweiten Kind und fühlte die Traurigkeit, die mich damals lähmte. Ich sah die Schwangerschaft mit meinem dritten Kind, die so dramatisch verlief, dass ich viereinhalb Monate im Krankenhaus verbringen musste: Plazentaablösung in der vierzehnten Woche, täglich tropften wehenhemmende Medikamente in meine Armvene. Meine beiden kleinen Söhne waren gerade erst einmal anderthalb und drei Jahre alt. Der Schmerz, den ich durch die Trennung vor allem von meinen Kindern erlebte, war einfach unermesslich und ist gar nicht mit Worten zu beschreiben. »Gefesselt« im Bett war das Einzige, was ich noch hatte, mein Kind in meinem Bauch, das ich auf keinen Fall verlieren wollte. Die Ärzte gaben meiner Tochter kaum eine Chance. Durch die starken Blutungen war ihre Entwicklung nie zeitgemäß, es hieß immer, sie sei retardiert. Man gab mir zu bedenken, dass sie möglicherweise einen Gendefekt hätte. So kam noch die Angst hinzu, vielleicht ein krankes Kind zu tragen. Ich wollte aber unbedingt dieses Kind, eine Abtreibung in der achtzehnten Woche lehnte ich entschieden ab. Jeden Tag sah ich vor meinem geistigen Auge meine Gebärmutter, flickte alle blutenden Stellen, »streichelte« mein Kind und redete behutsam mit ihm. Und es war ein Wunder, als meine Tochter dann gesund per Kaiserschnitt zur Welt kam. Laut pathologischem Befund der Plazenta war das Leben meiner Tochter zu jeder Zeit immens bedroht gewesen. Geschwächt durch das wochenlange Liegen mit all meinem Schmerz und meiner Angst erkrankte ich an Kindsbettfieber. Nicht behandelbare, immer wiederkehrende Entzündungen der Gebärmutter zwangen mich noch ein weiteres Jahr zu zahlreichen Krankenhausaufenthalten, bis mir die Gebärmutter – es war schon fast zu spät – herausgenommen werden musste. Die Entzündung war so massiv, Eiter floss mir bereits aus der Scheide, dass sich kurz vor der Operation mein linkes Hüftgelenk entzündet hatte. Ich stand schon damals am Abgrund meines Lebens. Durch die vielen Klinikaufenthalte verlor ich buchstäblich mein Leben. Ich fühlte mich fremd, wenn ich zu Hause war, hatte ein schlechtes Gewissen meinen Kindern gegenüber, eine Rabenmutter zu sein, und fühlte unendlichen Schmerz. Irgendwann funktionierte ich dann nur noch. Ich verrichtete die alltäglichen Arbeiten, ohne mich zu beklagen, nahm Schmerzmittel und humpelte an Gehhilfen. So verging wieder ein Jahr, ohne dass ich es richtig lebte, und es war eine gewisse Schwermut, die mein ganzes Sein umfasste. 1997 konnte ich diesen Zustand nicht mehr ertragen. Ich erfuhr, dass die Frau meines Hausarztes eine hervorragende Psychologin sei und lösungsorientierte Therapien anbot. So suchte ich sie auf. Und sie war wirklich wunderbar! Wir arbeiteten mit den zu der Zeit wohl modernsten Methoden, die, aus Amerika kommend, in Deutschland bei vielen Ärzten noch unbekannt waren. Mit NLP (Neurolinguistisches Programmieren) und Trance-Hypnose schafften wir es, dass ich zusehends die Freude am Leben wiederfand. Ich suchte mir eine interessante Halbtagsstelle bei einer amerikanischen Firma. Nette Arbeitskollegen und viel Selbstbestätigung ließen mich jeden Morgen mit Freude den »Ausflug« ins Berufsleben machen. Das Geld, das ich verdiente, ging zwar für Haushaltshilfe und Kinderfrau drauf, aber das war mir der Job wert. Ich wurde viel gelassener, was meine eigene Vorstellung von Kindererziehung anbelangte und Krümel auf dem Boden oder mit Zahnpasta bespritzte Spiegel konnten mich nicht mehr stören. Ich war wieder unabhängig, fast so wie in meiner Studienzeit. Ich kümmerte mich ganz bewusst mindestens einmal am Tag intensiv um meine Kinder. Wir machten Ausflüge, bastelten gemeinsam, erzählten Geschichten – was meine Kinder besonders liebten – oder spielten ganz einfach zusammen. Mein Tagesablauf war genau festgelegt und fast jede Minute verplant. So sehr ich vorher mit der Krankheit gelebt hatte, so sehr fing ich an, Krankheit zu hassen. Ich hasste meine Hüfte, die kontinuierlich wehtat, sagte ihr immer wieder »friss oder stirb« und hörte nicht mehr auf ihr Klagen. Ich hatte die Nase dermaßen voll von Krankheit und Krankenhäusern, dass ich Meisterin im Verdrängen wurde. Alle alarmierenden physiologischen Anzeichen, wie Müdigkeit bis hin zur Erschöpfung, überging ich geflissentlich und verlor völlig das Gefühl zu meinem Körper. So kam es, dass sich kurz vor Weihnachten 1997 meine Hüfte erneut entzündete und ich im Krankenhaus landete. Meine größte Sorge war – wie schon erwähnt – den Job zu verlieren, so dass ich sofort nach dem Aufenthalt wieder arbeiten ging. Alle, vor allem auch die Ärzte, wunderten sich über meinen starken Gewichtsverlust, denn ich wog zu der Zeit nur noch 39 Kilo. Ich konnte mir diesen auch nicht erklären und verbannte den Gedanken immer wieder, dass ich vielleicht ernsthaft erkrankt sei. Viele vermuteten schon eine Essstörung. Da ich nicht mehr so richtig »auf die Beine kam«, ging ich zu dieser Reha-Klinik in Neustadt, und hier sollte ich mein Leben retten ...

Mein Gott, vieles würde ich jetzt anders machen! Sehnsucht nach dem Leben überflutete plötzlich all meine Sinne, ich wollte leben, einfach leben. Konnte ich selbst das Ruder meines Schicksals noch in letzter Sekunde herumreißen? Tränen überströmten mein Gesicht und nur Gefühle beantworteten immer wieder diese vielen Fragen, die, wie in einem Labyrinth gefangen, nicht mit meinem Verstand beantwortet werden konnten, wobei ich mehr und mehr spürte, dass verborgen in mir eine Quelle der Kraft, des Mutes und der Hoffnung zu sprudeln begann. Und so geschah es, fast ganz von allein, dass mein ganzes Sein, dass jede meiner vielen Billionen Zellen sich für das Leben entschied – aus Liebe zum Leben in all seiner Konsequenz im Hier und im Jetzt.

Ich wachte auf, konnte wieder fühlen und klar denken. »Entscheiden Sie sich für das Leben« bestimmte den gesamten weiteren Verlauf der Heilung meiner Krankheit und brachte einen Stein ins Rollen, der meine Einstellung und Sichtweise zum Leben, zum Gegenwärtigen gänzlich veränderte. Das Wort »entscheiden« war dabei für mich ausschlaggebend, denn leben wollte ich sowieso.

Damals entschied ich mich zunächst, das Jetzt, die nächsten Momente, Tage, Wochen, Monate glücklich und mit Freude zu leben, ich sah mich ohne Schmerzen und gesund. Ich glaubte an die Kraft dieser Entscheidung, denn sie entsprach meinem tiefsten Wunsch. Dieses Bild tauchte in mich hinein, breitete sich allmählich aus, drang in mein Unterbewusstsein und echote aus jeder Zelle meines Körpers.

Ich glaube, dass dieses nur geschehen konnte, da ich am Nullpunkt angekommen war. In die Stille meiner Angst, meiner Einsamkeit und Traurigkeit trat etwas Neues ein, ein neues Bewusstsein, meine Zukunft.

Mit diesem tiefen Selbstvertrauen ließ ich mich zur Operation in die Nähe meines Heimatortes nach Essen verlegen.

Eine wundersame Zeit

Ich bekam auf der gynäkologischen Station für Geburtshilfe ein wunderschönes Zimmer. Mein Bett stand direkt am Fenster und vom siebten Stockwerk aus hatte ich einen herrlichen Ausblick über den »Krupp-Wald« hinaus bis zum Horizont. Ärzte und Schwestern waren mir bereits vertraut, da ich schon früher einige Male auf dieser Station verweilt hatte. Ich fühlte mich in guten Händen.

Auch hier befanden die Ärzte meine starke Brustschwellung als höchst sonderbar. Ich wurde darüber aufgeklärt, dass man mir die Brust abnehmen müsse, sollte sich beim Schnellschnitt ein Mama Ca herausstellen. Bei einem Lymphom dagegen würde ich die Brust nicht verlieren, sondern chemotherapeutisch behandelt. Die Ärzte »wünschten« mir wegen der enormen Tumorgröße eher ein Lymphom, als Brustkrebs.

Als ich aus der Narkose erwachte, es war

schon abends, suchte ich sofort meine rechte Brust, doch ich konnte sie nicht finden. Mein ganzer Oberkörper war so stramm bandagiert, dass ich platt war wie ein Pfannkuchen. Ich fragte wohl jedes Mal, wenn ich wach wurde, eine Schwester nach meiner Brust, hatte aber die Antwort immer wieder vergessen. Erst in der Nacht begann ich zu verstehen. Die Brust war weg, Mama Ca!

Schmerzen und Benommenheit ließen keine Reaktion zu. Ich erinnere mich noch an die liebevolle Nachtschwester, die mich ständig auf meinen Wunsch hin anders lagerte. Sie gab mir Schmerzmittel und meinte, ich solle meine Energie, die ich jetzt so dringend brauchte, nicht durch Schmerzen verlieren. Sie war wirklich rührend.

Als der Morgen dämmerte bekam ich Hunger und bestellte einen Teller voller Kekse. Komisch eigentlich, ich hatte Krebs und aß um fünf Uhr morgens Kekse. Auf jeden Fall schmeckten sie mir ausgezeichnet.

Um neun Uhr kam eine Frau mit einem kleinen Computer in mein Zimmer.

»Sie dürfen Ihr Mittagessen wählen, und zwar zwischen drei Menüs, Vollwertkost, Schonkost oder Reduktionskost, mit oder ohne Vorsuppe...«

Ich durfte mein Mittagessen auswählen, sogar zwischen drei Menüs! Durfte ich mir auch auswählen, keinen Krebs zu haben und noch lange am Leben zu bleiben!?

Ich wollte doch keinen Krebs und brach unmittelbar in Tränen aus.

Als der Chefarzt zur Visite kam und ich immer noch weinte, glaubte er zunächst, dass ich den Verlust meiner Brust nicht verkraftete. Für die meisten Frauen ist das wohl auch ein Riesenschock, aber in diesem Moment war es mir völlig egal. Ich wollte nur leben!

Endlich konnte ich weinen. Es war erstaunlich, wie viele Tränen mir zur Verfügung standen. Und jede einzelne trug ihren Teil dazu bei, den riesigen Energiestau in mir zu lösen. Nach zwei »tränenreichen« Tagen ging es mir besser.

»Entscheiden Sie sich für das Leben, Sie können es schaffen!« Wie eine Melodie, die einem nicht mehr aus dem Kopf geht, hörte ich diese Worte immer wieder, bis ich eines Nachts deren konkrete Botschaft verstand: Ich muss mein Schicksal selbst in die Hand nehmen! Medizinisch fühlte ich mich ja gut aufgehoben, aber plötzlich begriff ich, dass ich selber etwas dafür tun musste, wieder gesund zu werden. Ich überlegte und dachte an die vielen Zivilisationskrankheiten, die uns durch unsere »ungesunde« Lebensführung heimsuchen können. Bluthochdruck, Magengeschwüre, Arterienverkalkung, Erkrankungen, die wir uns mehr oder weniger selbst zufügen. Dann muss es doch auch möglich sein, durch eine »gesunde« Lebensführung wieder heil zu werden? Dann muss es doch auch anders herum gehen! Es muss!

Ich fing an zu lesen und bat Freunde und Familie, statt Blumen lieber Bücher mitzubringen. Sie waren so faszinierend und aufbauend, dass ich mir aus den Literaturhinweisen immer mehr Bücher bestellte, eine richtig kleine Bibliothek häufte sich neben meinem Bett an. Ich las von früh morgens bis spät abends und lernte vieles über die verschiedensten Atemtechniken, um zu entspannen, über Meditationsarten zur Aktivierung der Selbstheilungskräfte, über die Macht des positiven Denkens. Ich erfuhr, welche psychologischen Hintergründe mit anderen Faktoren bei der Krebsentstehung eine Rolle spielen können und dass die Liebe eine der bedeutendsten heilenden Energiequellen ist.

Über das Lesen verlor ich die Angst vor dem pathologischen Befund. Ich war voller Hoffnung und großen Mutes für alles, was noch kommen sollte.

Ich sagte den Ärzten, dass sie mir die Hoffnung nicht nehmen dürften, möge der pathologische Befund noch so schlecht und alle Lymphknoten befallen sein. Das taten sie dann auch nicht, und ein Arzt erzählte mir von einer Frau, die vor zwölf Jahren auch so einen massiven Brustkrebs gehabt hätte und heute noch gesund zur Nachsorgeuntersuchung käme. Das tat mir gut, ich brauchte solche positiven Lebensgeschichten.

Besuch von meiner Familie bekam ich zu Beginn des Krankenhausaufenthaltes nur wenig. Viele waren, geschockt von der Diagnose, nicht fähig zu kommen. Meine Mutter weinte häufig und kam mich nur einmal besuchen. All meine Sinne spürten ihre unendliche Verzweiflung und Traurigkeit. Wir redeten kaum, Worte waren bedeutungslos für das, was wir fühlten. Ich wollte meine Mutter nicht weinen sehen, so kämpfte ich – genau wie sie – die ganze Zeit gegen meine Tränen an, die, meine Sicht verschleiernd, zu jedem Augenblick drohten, wie ein Springbrunnen hinauszusprudeln, und eine zugeschnürte Kehle nahm mir fast den Atem. Unerträglich muss es für eine Mutter sein, wenn das eigene Kind lebensbedrohlich erkrankt, allein der Gedanke, dass eines meiner Kinder … Ich war froh, als sie gegangen war, ich konnte sie nicht so leiden sehen, und ich konnte ihr auch nicht helfen. Meinen Vater habe ich häufig angerufen. Manchmal – meistens abends – führten wir lange Gespräche, erzählte ich ihm etwas von meinem Vorhaben, die Chemo zum besten Freund zu machen. Obwohl auch er einen dicken Kloß im Hals hatte und sicherlich am liebsten weinen wollte, gelang es ihm, mir Mut zu machen. Nach unseren Gesprächen hatte ich immer ein gutes Gefühl. Er war wirklich großartig.

Es geschah manchmal, dass mein Zimmer voller Besucher war und alle weinten. Menschen, die ich zuvor noch nie hatte weinen sehen, rannen die Tränen über die Wangen. Ich fand das so schrecklich traurig, dass ich mir wünschte, die Fensterscheiben mögen durch eine riesige Explosion dieser im Zimmer schwelenden Ohnmacht zerbersten und Licht und Hoffnung eintreten lassen. In diesen Momenten fühlte ich meine Energie schwinden und ich musste mich anschließend regelrecht wieder aufbauen, mir Mut machen und mir die Hoffnung geben, gesund zu werden. Hätte ich nicht all die wertvollen Bücher gehabt, hätte ich das, so denke ich, vielleicht nicht geschafft.

Am schönsten sind mir die Besuche meiner Freundinnen in Erinnerung. Sie waren einfach ein bisschen »gelassener« und wir konnten auch lachen. So manche Abende nahm ich Reißaus und verbrachte sie mit meiner Freundin Carmen.

Auch mein Mann hielt sich zunächst von mir

fern. Glaubte er mich vielleicht schon in der »Kiste«, als er von dem Chefarzt zu einem Gespräch gerufen wurde? Zumindest dachte ich das damals und ich war manche Male sehr traurig, von ihm keinen Zuspruch bekommen zu haben. Ich denke jedoch, dass man immer allein ist, wenn man am Abgrund steht, auch wenn man noch so viel Beistand und Ratschläge bekommt. Zudem kann »Beistand« ganz schön belastend sein – vor allem, wenn alle weinen.

Heute weiß ich, dass mir die damalige Zurückhaltung meines Mannes auf gewisse Weise sogar zugute kam. Er hätte zwar meine Stärke und Entscheidungskraft unterstützen, auf der anderen Seite aber auch zusammenbrechen können – vor lauter Angst, mich zu verlieren. Schließlich haben wir drei kleine Kinder. Mein Mann hielt seine Gefühle zurück, seine Angst, Traurigkeit und Sorgen und gab mir dadurch gleichzeitig viel »Raum«, frei entscheiden zu können. Ich hätte mich sicherlich nicht mit so viel Entschlossenheit für eine »gute Chemozeit« entscheiden können, hätte mir mein Mann damals seine doch so große Furcht vor Chemotherapie mitgeteilt.

In der Tat durchzog Krebs die gesamte rechte Brust und auch in Lymphknoten hatte er sich eingenistet. Aufgrund der Krebsart, die meistens die andere Brust auch noch befällt, entschied ich gemeinsam mit den Ärzten nach zwei Wochen, die linke Seite ebenfalls entfernen zu lassen. Die Prognose war denkbar schlecht, doch in mir wuchs eine kaum zu beschreibende Lebenskraft.

Ich erholte mich schnell von den Operationen und verbrachte vier wundersame Wochen im A.-Krupp-Krankenhaus. Von Ärzten und Schwestern wurde ich liebevoll betreut und immer fand sich ein offenes Ohr für meine Sorgen. Schließlich empfand ich es als Luxus pur, mir unter so vielen Menüangeboten eins auswählen zu dürfen. Zahlreiche herrliche Sonnenaufgänge über dem »Kruppwald« begleiteten mich morgens und ließen mich staunen. Jeder Tag barg ein Wunder, war etwas Besonderes.

Heilkraft Liebe … und die innere Stimme

Meditationen und Atemübungen wurden zu täglichen Begleitern, ließen mich ruhiger und kraftvoller werden und öffneten die Türen zu meinem verborgenen Ich.

Mir wurde deutlich, wie lieblos ich mit mir selbst umgegangen bin, über Jahre, vielleicht schon seit meiner Kindheit. Mein Bestreben war stets gewesen, allen zu gefallen und perfekt zu sein, ohne Rücksicht auf meine Gefühle, ohne Rücksicht auf meine Gesundheit und letztendlich auf mein Leben. Ich fühlte mich häufig verletzt, verlieh diesem Gefühl aber keinen Ausdruck, ich wehrte mich nicht und verletzte mich selber. Selten hatte ich um Hilfe gebeten und auf die Frage, wie es mir ginge, antwortete ich meistens »gut«, auch wenn es nicht der Wahrheit entsprach. Wut, Kummer, Traurigkeit – diese Gefühle hatte ich eingestampft, und ein Lächeln auf meinen Lippen machte meine Fassade perfekt. Ich hatte mir im wahrsten Sinne des Wortes einen Sack, bis zu den Füßen reichend, über meinen Kopf gestülpt. Mit ihm lief ich durchs Leben und versagte meinem Körper jegliche gesunde Lebensbotschaft – als ob ich sterben wollte ...

In mir tobte mit Sicherheit negative Energie, die möglicherweise mein Immunsystem schwächte und folglich für meine Gesundheit nicht gerade förderlich war. Dabei ist ein intaktes Abwehrsystem einer der wichtigsten Faktoren für Gesundheit wie Krankheit. Es setzt sich aus Milliarden einzelner Zellen zusammen. Unter ihnen spielen die Lymphozyten – sie sind Bestandteil der Leukozyten – bei der Bekämpfung von Krankheitserregern und Schadstoffen eine große Rolle. Sie sind unsere Polizisten und arbeiten unaufhörlich, befreien uns von Viren, Bakterien und auch Krebszellen. Bei jedem Menschen bilden sich täglich bösartige Zellen, die normalerweise von den Immunzellen vernichtet werden. T-Helferzellen holen, wenn sie fündig wurden, andere Zellen, wie Killer- und Fresszellen zu Hilfe, um den Schädling unschädlich zu machen. Zu einem Problem wird es, wenn unser Immunsystem diese tägliche, lebenswichtige Arbeit nicht mehr schafft, wenn zum Beispiel getarnte Krebszellen von den körpereigenen Abwehrkräften nicht mehr erkannt werden. Was sich dann abspielt, wie der genaue Zusammenhang »Immunsystem – Krebs« aussieht, das weiß man allerdings bis heute noch nicht.

Erwiesen ist, dass negativer Dauerstress, egal welcher Art, in Kombination mit anderen »schädlichen« Faktoren wie erbliche Vorbelastung, Rauchen, Ernährungsfehler, Bewegungsmangel, Alkohol unseren Abwehrmechanismus bei der Erkennung und Beseitigung von Krebszellen derart schwächen kann, dass diese leichtes Spiel haben, sich ungehindert zu vermehren. Ein Tumor kann entstehen.

Daher halte ich es für unabdingbar, dass sich die Behandlung von Krankheit nicht nur auf den Körper des Patienten, sondern auch auf seine Person richten muss. Warum bekommt der eine Krebs und der andere nicht? Warum erkrankt beispielsweise nur eine von zwei Schwestern, obwohl beide die gleiche genetische Disposition für Brustkrebs aufweisen? Warum wird der eine gesund und der andere nicht, obwohl Tumorart, Tumorgröße und Therapie gleich waren? Ist nicht das ganze Gefüge von Körper und Geist für unsere Gesundheit, unser Leben verantwortlich?

Wenn man ein Magengeschwür behandelt, sollte man dann nicht auch den Grund erfragen, warum der Patient daran erkrankt ist, und sollte sich das der Patient nicht auch selber fragen? Entfällt dies, wird er möglicherweise immer wieder an Magengeschwüren leiden – falls nicht gerade Bakterien Verursacher dieser Krankheit sind.

Mir wurde bewusst, dass ich durch fehlende Eigenliebe Raubbau mit mir getrieben hatte und dass ich, um gesund zu werden, mehr brauchte, als »nur« OP, Chemo und Strahlen. Der Krebs erschien mir wie ein Hilfeschrei meiner Seele, und durch diese Erkenntnis wurde ich manchmal so traurig, dass ich weinen musste.

Aber nur durch diese Erkenntnis war ich in der Lage, etwas in meinem Leben zu ändern, nur durch Erkenntnis ist Wandel möglich.

Jeden Tag arbeitete ich mit mir. Ich bediente mich der Entspannungs- und Visualisierungstechniken, die ich in den Büchern von Simonton und Laskow kennen gelernt hatte. Ich kombinierte diese und erlangte in der Meditation Zutritt zu meinem Unterbewusstsein. Ich konnte mir schon immer Dinge oder Szenen bildhaft vorstellen, so dass es mir nach mehrmaligem Lesen recht schnell gelang, die Anleitungen für Meditation zu befolgen. In der ergreifendsten und für mein Leben wohl entscheidendsten Meditation sah ich einen Garten mit vielen Bäumen und Blumen. Auf den ersten Blick schien dieser Garten wunderschön, einfach perfekt. Beim näheren Hinschauen aber erschrak ich. Die Bäume waren krank, sie trugen kaum Blätter, zahlreiche Blüten ließen ihre Köpfe hängen und überall wucherte Unkraut. Wenn nichts geschieht, wird dieser Garten bald nicht mehr sein, erkannte ich. Ist mein Leben – mein verborgenes Ich, mein Körper – dieser Garten? Hatte ich das Leben denn gar nicht mehr geachtet? Ich war verzweifelt: Was soll ich denn nun tun und warum war alles so verwüstet? Plötzlich sah ich ein anderes Bild. Ich befand mich inmitten einer herrlichen Landschaft. Es war Frühling, Wiesen blühten in wunderschönen Farben, es duftete, ein angenehmer frühlingshafter Wind wehte. Vor mir tat sich ein Pfad auf, der sich bis zum Horizont hin schlängelte und ganz in der Ferne vernahm ich ein Licht, das, dem Pfad folgend, sich mir näherte. Es vermittelte mir ein warmes und gutes Gefühl. Das Licht wurde immer größer und nahm Gestalt an. Es war ein Mensch, der auf mich zukam, ein Mann mit langen, dunklen Haaren und schönen Händen. Er trug ein bis zu den Fußknöcheln reichendes weißes Hemd und war barfuß. So hatte ich mir als Kind immer Jesus vorgestellt. Mit einer wohlklingenden Stimme sagte er:

»Endlich, endlich hast du mich gerufen.
Ich bin dein bester Freund,

sprich wieder mit mir und bitte,
hab mich wieder lieb.
Ich war so lange allein, allein in dir.
Du hast mich nicht mehr beschützt,
mich immer häufiger verletzt,
mein Weinen nicht mehr gehört.
Stell dir vor, du hättest so weiter gemacht,
noch viele Jahre,
bis hin zur Todesstunde
ohne mein Sein?
Bitte nimm mich mit!
Ich bin erfüllt von Liebe für dich.
Ich werde dir den Weg weisen,
dir erzählen, warum dein Garten so verwüstet ist,
und dir helfen,
aus ihm ein Paradies zu machen.
Ich werde dich beschützen
und dich trösten.
Ich heiße Tom, rufe mich und ich bin da -
für dich.
Ich liebe dich,
lass uns eins sein.«

Dann ging Tom den Pfad wieder zurück, er winkte mir noch einmal zu, löste sich zu einer Lichtkugel auf, die schließlich am Horizont nur noch als ein bläulicher Lichtstrahl zu erkennen war.

Ich hatte einen unermesslichen Schatz enthüllt, nämlich mein Selbst, das verborgen in meiner Seele lebte und während der Meditation durch Tom sicht- und hörbar wurde. In der Psychologie nennt man das »Selbst« auch »das Zentrum der Seele«, »die innere Stimme« oder »Intuition«. Psychologen fast aller Epochen arbeiteten mit dem »Zentrum des Geistes« und erkannten, dass es dem Leben des Menschen die Richtung weist, es steuert und beeinflusst.

Tom ist meine innere Stimme, Wahrheit, Liebe und Vernunft. Jeder von uns hat diese innere Stimme, doch bedauerlicherweise werden gerade in unserer Kultur ihre Botschaften von den meisten ignoriert. Uns wird gelehrt, äußeren Dingen und Vorgängen viel Beachtung zu schenken und diese zu bewerten, wie Ergebnisse logischen Denkens, unseren Körper, unser Verhalten. Das Unsichtbare, das, was verborgen in uns lebt, erlangt dadurch kaum Bedeutung. Zudem ist es ja auch unbequem auf eine innere Stimme zu hören, die einem gnadenlos die Wahrheit vor Augen hält. Auch ich habe ihr Flüstern viele Jahre nicht gehört. Was in mir nicht in »Ordnung« war, ergibt sich aus der Erzählung meiner letzten vier Jahre in dem Kapitel »Die Entscheidung«. Im Endeffekt, so denke ich, habe ich das wirkliche Leben nicht mehr zu schätzen gewusst. Heute beobachte ich, dass viele Menschen das Leben »mit Füßen treten«. Ewige

Unzufriedenheit, häufig hervorgerufen durch ganz banale, oberflächliche Kleinigkeiten. Morgens mit dem Wunsch aufwachen, wäre doch schon Sonntag. Mit Hysterie durch den Tag hetzen, die Gedanken immer schon zwei Stunden, Tage oder Wochen voraus. Sich der selbst aufoktroyierten Pflicht beugen, immer perfekt sein zu müssen. Leben um zu überleben: arbeiten, essen, schlafen ... Sicherlich gibt es Gründe für solch einen Lebensstil, aber ihnen auf die Schliche zu kommen, das kommt den meisten Menschen nicht in den Sinn.

Hier in diesem Buch berichte ich zum ersten Mal so ausführlich über Tom. Zu häufig spürte ich Ablehnung oder Missverständnis, wenn ich anderen etwas von einem »inneren Ratgeber« erzählte. Einige meiner Mitmenschen dachten sicherlich, ich hätte nicht mehr alle »Tassen im Schrank«. Ich merkte, dass ich durch diese fruchtlosen Gespräche meine Energie zu sehr verbrauchte und erwähnte Tom nur noch bei meinem Mann, der meine Entwicklung mit durchlebt hatte und verstand. Mein Mann hat alle Bücher, die meine Tage im Krupp-Krankenhaus ausfüllten, gelesen und ist beeindruckt von dem Resultat dieser Lektüre ...

Mein Leben lebe ich jetzt anders und meine innere Stimme, also Tom, ist immer bei mir.

Gerate ich zum Beispiel in Hektik, zieht Tom die Notbremse, und wache ich morgens nicht mit einem Glücksgefühl auf, dann meldet sich Tom und schlägt mir vor, das kuschelige, warme Bett zu genießen, meinen Körper zu spüren, vielleicht das Zwitschern der Vögel zu hören oder meinen Kindern und meinem Mann einen »Guten-Morgen-Kuss« zu geben. Schmerzt meine Hüfte, dann rede ich ihr gut zu, schone sie und schicke ihr liebevolle Energie. Als mein innerer Führer, Ratgeber, Arzt und Freund erscheint Tom je nach Situation in den unterschiedlichsten Gestalten: als Jesus-Figur, als Katze oder Vogel oder auch in Form eines Lichtballs. Tom meldet sich, wenn etwas nicht in »Ordnung« ist und auch ich kann ihn jederzeit zu Rate ziehen. Es ist Tom, der mir wie ein Fremdenführer meine innere Welt zeigt.

Ich lernte, mir zu verzeihen, mich anzunehmen und zu lieben und zu schätzen, so wie ich bin, anderen zu verzeihen, sie so zu sehen, zu lieben und zu schätzen wie sie sind, ihre Nähe zuzulassen, ohne sie verändern zu wollen. Dadurch schaffte ich mir und anderen Raum für individuelle Entwicklung.

Ich erfuhr durch diesen Wandel – der sich dank Tom auch heute noch vollzieht – eine unbeschreibliche Liebe zum Leben, zum Leben als Ganzheit sowie zum Leben im Detail. Ich erlebte einen noch nie gekannten inneren Frieden in meinem Herzen und meinem Geist und fühlte mich geborgen und verwurzelt in meinem Selbst. Mir war, als wäre ich endlich nach Hause gekommen – ich war eins mit mir, für immer und überall. Ich wusste, dass ich selbst einen riesengroßen Teil dazu beitragen würde, wieder gesund zu werden.

Als mein Mann dieses Kapitel las, war er betroffen und meinte, man bekäme den Eindruck, ich hätte die letzten Jahre Höllenqualen durchleben müssen. Ich beruhigte ihn dann erst einmal, dass er nicht Schuld trage, niemand hat Schuld! Ich verstand auch seine Reaktion, die fast ein wenig verärgert war, denn man hatte mir nichts anmerken können. Ich selber war mir ja nicht meines traurigen Seelenlebens bewusst. Ich lebte, vor allem seitdem ich wieder arbeitete, ein abwechslungsreiches, interessantes und arbeitsintensives Leben. Es war halt sehr nach außen gerichtet, eben, so weiß ich jetzt, gefährlich oberflächlich.

Einst – noch vor meiner Erkrankung – erzählte mir meine Freundin, dass man einem Psychologen alles anvertrauen sollte, also auch sein Seelenleben. Daraufhin erwiderte ich, dass ich mich gar nicht mit meinen »abgründigen Tiefen« beschäftigen möchte, um nicht unglücklich zu werden. Die Türen zu meinem Inneren hielt ich so lange fest verschlossen, bis mir mein Leben seine Zerbrechlichkeit deutlich machte und ich Todesnähe zu spüren bekam. Alleingelassen und hilfesuchend riss ich sie auf, gemessen an meiner bisherigen Lebenszeit lernte ich mich in Windeseile kennen.

Ich glaube, dass die wenigsten die Türen zum eigenen Ich öffnen und dass uns Menschen dadurch ein großes Maß an Eigenliebe fehlt. Die meisten halten das, so wie ich früher auch, für Zeitverschwendung, ganz einfach für Unsinn.

Ohne Eigenliebe fängt jedoch das ganze Malheur an: Wir sind verletzbar und wir verletzen, wir setzen uns einem unglaublichen Stress aus, der uns irgendwann zerfrisst.

Ewiges, auf Erfolg getrimmtes Bewusstsein, ob zu Hause oder bei der Arbeit. Schön (dies gilt vor allem für die Frau), erfolgreich und dynamisch. All das schürt Stress, Selbsthass, Ärger, Wut, Groll. Aber das sind die Antreiber unserer heutigen Gesellschaft, blind machend für die Erkenntnis, wie wichtig ein »gesunder« Geist – unsere Seele – ist für ein gelassenes, freud- und friedvolles Leben und schließlich für die Förderung der Gesundheit und Verhütung von Krankheit.

Wenn ich heute erzähle, dass Liebe Voraussetzung für Gesundheit ist, werde ich immer wieder gefragt, was denn Liebe überhaupt eigentlich sei und wo sie anfängt.

Leonard Laskow hat fast eine Wissenschaft daraus gemacht und ein Buch über die Liebe und deren Heilkraft geschrieben.

Ich meine, dass »Herzensliebe« ganz einfach in uns selbst anfängt. Wenn es uns gelingt, uns uneingeschränkt selbst zu lieben und zu schätzen, öffnen sich alle Schranken. Erst dann sind wir frei und gelassen, werden wir empfindsam für alles Leben und können andere wirklich lieben.

Rüdiger Dahlke schreibt in seinem Buch »Krankheit als Weg«, dass Krebs ungelebte Liebe zeigt, dass man ihn nicht zu besiegen braucht, um heil zu werden, sondern dass man ihn nur verstehen muss. Liebe, so sagt er, kennt keine Grenzen und Schranken, in der Liebe gibt es keine Gegensätze mehr, alles wird eins. Liebe dehnt sich auf alles aus und macht auch vor nichts halt, sie fürchtet nicht den Tod, denn Liebe bedeutet Leben. Die Krebszelle würde sich genauso verhalten, denn auch sie respektiert weder Grenzen noch Schranken. Krebs dehnt sich auf alles aus und fürchtet den Tod nicht. Krebs ist Liebe auf der falschen Ebene und hat nur Respekt vor der wahren Liebe.

Recht interessant finde ich Dahlkes Betrachtung über Liebe und Krebs. Seine Ansicht ist vielleicht etwas überzogen, aber ich finde gut, wie er an unserem Häuschen rüttelt, uns auffordert, den eigenen Keller einmal unter die Lupe zu nehmen, ihn aufzuräumen und Licht eintreten zu lassen.

»Liebe ist die mächtigste aller Heilenergien«, »Die Energie der bedingungslosen Liebe ist die stärkste Kraft im Kosmos.«, das schreibt Leonard Laskow in seinem eindrucksvollen Buch »Heilende Energie«. Werden Frühgeburten in ihrem Brutkasten viel gestreichelt, nehmen sie bedeutend schneller an Gewicht zu (bis zu 50 Prozent), als die »Frühchen« ohne Streicheleinheiten, auch ihre Sterblichkeit ist wesentlich geringer. Und wenn plötzlich der Tod zwei sich liebende Menschen im hohen Alter trennt, so kommt es nicht selten vor, dass der »Zurückgelassene« kurze Zeit später das Leben verlässt.

An dieser Stelle möchte ich einen »Heilprozess« von Leonard Laskow wiedergeben, den ich damals täglich durchführte:

»Werden Sie für einen Augenblick Ihr eigener bester Freund. Bringen Sie sich an den friedlichsten, glückseligsten Platz, den Sie kennen. Spüren Sie, wie sich in Ihrem Herzzentrum ein Gefühl totaler, bedingungsloser Selbstliebe entwickelt – Liebe für jede Zelle, jedes Atom, jedes

Organ, jeden Teil Ihres Wesens. Diese Liebe kennt kein Vergleichen, keine Urteile, sie ist jenseits von Zeit und Raum, jenseits allen Verstehens.

Mit dem nächsten Atemzug füllen Sie Ihre Brust mit dem Licht der Liebe. Es fließt in Ihre Schultern, die Arme hinab bis in die Fingerspitzen, in den Hals und hinauf in den Kopf. Stellen Sie sich vor, wie dieses liebevolle Licht Ihren Kopf füllt und schließlich überfließt, wie ein Springbrunnen der Liebe aus dem Scheitelchakra (Kopf) heraussprudelt und liebevoll den ganzen Körper umfließt.

Konzentrieren Sie sich auf das Scheitelchakra und spüren Sie die wunderbare Liebe Ihres höheren Selbst. Diese Liebe ist immer da, Sie müssen sie sich nicht erst verdienen, nehmen Sie sie einfach an. Spüren Sie den strahlenden Lichtball circa 15 bis 20 Zentimeter über Ihrem Kopf. Er sinkt langsam nach unten, in den Kopf hinein, hinunter bis zum Herzchakra. Die Liebe Ihres höheren Selbst lässt Sie erblühen und taucht Ihr ganzes Wesen, den ganzen Körper in strahlendes Licht. Lassen Sie es hereinkommen!

Bitten Sie nun Ihr höheres Selbst:

Heile, was geheilt werden muss.
Tu, was getan werden muss.
Bring mich zur Ganzheit.
Damit wir eins werden.

Gehen Sie jetzt mit Ihrer Aufmerksamkeit wieder in Ihr Herzchakra und spüren Sie die totale, bedingungslose Liebe Ihres höheren Selbst. Atmen Sie tief ein, halten Sie für einen Moment die Luft an, und senden Sie mit dem Ausatmen ein Lichtfeuerwerk vom Herzen aus in jede Zelle und jedes Atom ihres Körpers, jeden Teil Ihres Wesens, so dass alles in Ihnen funkelt wie Sterne am Nachthimmel.«

Leben ist um so viel »einfacher«, um so viel reicher und zugleich um so viel kostbarer geworden. Ich habe das nie für möglich gehalten und ich hätte viel, noch viel mehr zu verlieren, müsste ich heute sterben.

Die Macht unserer Gedanken

Wir wählen unsere Gedanken selbst. Wie Zauberkräfte besitzen sie magische Fähigkeiten, Wirklichkeit zu werden. Gedanken schaffen Freude und Traurigkeit, Krieg und Frieden, Gesundheit und Krankheit. Gedanken sind mächtig. Sie beherrschen die Welt eines jeden einzelnen – dabei haben wir immer die Wahl, was uns schließlich beherrscht!

Gedanken also sollten gut »überlegt« sein.

»Aber unseren Gedanken geht doch häufig ein Gefühl voraus, wie Angst oder Traurigkeit. Dann sind es doch gar nicht mehr unsere Gedanken, die unser Leben bestimmen!«, sagte mir eine an Krebs erkrankte Frau in einer Arztpraxis.

Ich denke jedoch, dass wir zu jedem Zeitpunkt ein Gefühl, sei es ein angenehmes oder unangenehmes, durch Gedanken verändern können.

Vor Angst bin ich wie gelähmt. Meine Gedanken drehen sich im Kreis, immer wieder, scheinbar endlos, lassen mich nichts mehr spüren, doch irgendwann will ich diesen Zustand nicht mehr, ordne ich meine Gedanken und wähle sie bewusst, um mich anders zu fühlen, um das Hier und das Jetzt zu leben – und somit auch das Morgen und das Übermorgen. Wegen meiner lebensbedrohlichen Erkrankung könnte Angst jeden Tag mein Leben regieren. Glücklicherweise habe ich jedoch meinen Verstand und nutze ihn, um diejenigen Gedanken beharrlich zu hegen, die mir bekommen und mich den Tag genießen lassen. Ich gewähre mir durch diese »Technik« immer wieder Freude und ebne dadurch meinen Weg zur Genesung.

Früher, als Schülerin und Studentin stellte ich mir die Erfüllung vieler meiner Herzenswünsche bildhaft vor, ich malte sie mir bis ins letzte Detail aus. Und sie wurden alle wahr.

Unbewusst, durch meine rege Phantasie, bediente ich mich einer Visualisierungstechnik, die tatsächlich »Wunder« vollbringen kann, und zwar in allen Lebensbereichen.

Carl Simonton machte diese Technik zum festen Bestandteil seines Behandlungsprogramms für Krebspatienten und erzielt beeindruckende Erfolge.

In seinem Buch »Wieder gesund werden«

lernt der Leser, dass wir die Möglichkeit haben, durch ganz gezielte Vorstellungsbilder unser Immunsystem zu stärken und Krankheiten zu bekämpfen. Dabei ist es wichtig, dass jeder ein Bild wählt, mit dem er sich wohl fühlt.

Noch im A.-Krupp-Krankenhaus überlegte ich, wie mein Krebs aussehen könnte, er dürfte sich nicht zu gewaltig und zu mächtig darstellen, denn er sollte ja verschwinden. Und die Leukozyten – meine Polizisten – müssten vor Kraft und Lebensfreude strotzen. So erstellte ich mir Bilder von meinem Krebs, meinen Leukozyten, Lymphknoten und Organen.

Da ich kein aggressiver Typ bin und keine Kämpfernatur mit Hang zur Gewaltanwendung oder Tötung, sah ich in mir keinen Kriegsschauplatz. Alles verlief harmonisch und eher mit Freude.

Ich begann die Visualisierung immer mit einer Entspannungsübung. Ich stellte mir einen friedlichen Ort vor, an dem ich ruhte, und dankte meinem Körper und meinen Organen für die liebevolle Arbeit, die sie täglich verrichteten.

Dann stellte ich mir bildhaft den Krebs vor, wie er sich als glibberige, schwache Masse an meinen Gefäßen und Lymphknoten festhielt, und ich stellte mir meine Leukozyten – meine Polizisten – vor, wie sie als weiße, starke

Murmeln durch meine Gefäße und Organe flossen, die grauen, glibberigen Massen aufspürten und auflösten.

Ich rief meine Leukos zu einer Versammlung, sprach mit ihnen, sie mögen stark und wachsam sein, mich von allen Krebszellen befreien.

Auch zu den Krebszellen sprach ich und erklärte ihnen, dass ihr Dasein nicht mehr nötig sei, dass aber ihre Energie übergehen würde zu den gesunden Zellen.

Ich sah, wie meine Leukozyten die Krebszellen auflösten und wie sie gestärkt durch den Gewinn vor Freude tanzten.

Am Ende der Visualisierung bedankte ich mich nochmals und sah mich gesund und mit Freude das Leben mit meiner Familie genießen.

Durch diese Visualisierung, die ich auch heute noch, allerdings etwas anders, durchführe, habe ich immer das Gefühl, selbst aktiv an meinem Heilungsprozess mitwirken zu können, und ich bleibe stets in Verbindung mit meinem Körper. Mein Glaube, der sich in meinen Vorstellungsbildern manifestiert, zum Beispiel wieder gesund zu werden, stärkt somit meine Erwartungshaltung, also meine Hoffnung. Durch ständiges Wiederholen dieser positiven Erwartungshaltung, streue ich die Saat meiner gewünschten Zukunft. Der Glaube macht mir Mut und gibt mir Kraft, das zu erreichen, was ich mir wünsche.

Ich möchte hier noch einmal den Unterschied zwischen »passiven Wünschen« und »aktivem Glauben« aufzeigen. Wünsche bleiben Wünsche, setze ich mich hin und warte auf ihre Erfüllung. Glaube ich hingegen, dass sie in Erfüllung gehen werden, sehe ich dies bildhaft vor mir, werde ich aktiv, meine Erwartungshaltung stärkt sich und ich arbeite hin zur Verwirklichung.

Ein Beispiel: Als ich nach der Kaiserschnittentbindung von meinem zweiten Kind geschwächt und mit Schmerzen im Bett lag, wünschte ich mir so sehr, den geplanten Campingurlaub mit meiner Familie in Holland machen zu können.

Fast alle hielten mein Vorhaben für nicht realisierbar.

Ich sah mich jedoch mit meinem Mann und meinen Kindern frühstücken – auf der Wiese, vor dem Vorzelt, in der Morgensonne.

Durch diese Vorstellung unglaublich motiviert, blieb ich nicht im Bett liegen und bedauerte die »unschöne« Geburt, sondern wurde aktiv. Ich tat alles, um kräftig und fit zu werden. Machte Bettgymnastik, sorgte für frische Luft und eine gute Atmung, stand so häufig wie möglich auf und genoss mein süßes Baby. Jeden Tag erfreute ich mich an meinen Erfolgen, und nach neun Tagen konnte ich die Klinik verlassen.

Ich verbrachte mit meiner Familie einen wunderschönen Campingurlaub in Holland, und ich bin auch nicht – vor lauter Schwäche, wie man befürchtet hatte – über einen einzigen Hering gestolpert!

Glaube versetzt Berge!

Wie mächtig der Glaube – unsere Erwartungshaltung – ist, zeigt sich auch am Placebo-Effekt. Patienten beschreiben eine Linderung ihres Leidens oder genesen sogar, aufgrund eines Medikamentes, das in Wirklichkeit eine »Zuckerpille« ist. Die Wirkung dieses »Medikamentes« beruht folglich auf dem Glauben des Patienten. Ist es nicht ein Beweis dafür, dass Geist und Körper eine Einheit bilden?!

Glaubt man an die Nebenwirkungen eines Medikamentes, erwartet man regelrecht, dass diese eintreten werden, so wird dies mit großer Wahrscheinlichkeit auch geschehen. Untersuchungen belegen, dass etwa drei Viertel der Nebenwirkungen auf die negative Erwartungshaltung der Patienten zurückzuführen sind.

Sicherlich sind alle Behandlungen und Medikamente effektvoller, wenn man an deren positive Wirkung glaubt. Ich schlucke nie

Medikamente mit einer negativen Einstellung. Wenn ich sie schon nehmen muss, spreche ich ihnen eine effektvolle Wirkung zu und »sehe« keine schlimmen Nebenwirkungen.

Bernie Siegel schreibt in seinem Buch »Prognose Hoffnung«, dass vier Glaubensarten wichtig für die Heilung von Krankheit sind: der Glaube an sich selbst, der Glaube an den Arzt, der Glaube an die Therapie, der Glaube an das Spirituelle, das Göttliche, die Liebe.

Würde es mir gelingen, durch meine Gedanken, meine positive Grundhaltung, meine Vorstellungsbilder die Chemotherapie gut zu vertragen?

Vorbereitung auf die Chemotherapie

Die Ärzte im A.-Krupp-Krankenhaus teilten mir unmittelbar nach Eintreffen des pathologischen Befundes mit, dass man mich – nach problemlos verlaufener Wundheilung – für die Chemotherapie in die Tumorklinik verlegen würde.

Eine dosisintensivierte und intervallverkürzte kombinierte Chemotherapie stand mir bevor.

Dosisintensiviert und intervallverkürzt! Also eine Hammerchemo!

Alle Ärzte, Schwestern, Freunde, Familienmitglieder vermittelten mir – auch ohne Worte – unmissverständlich, dass Höllenqualen auf mich zukommen würden.

Ein Arzt sagte mir: »Es werden Momente kommen, in denen Sie glauben, das Licht am Ende des Tunnels nicht mehr erblicken zu können.« Eine Ärztin meinte, dass ich während der Chemotherapie wohl stationär liegen müsse, aufgrund der Infektionsgefahr durch meine Kinder zu Hause. Mein Mann wurde auf mein mögliches schnelles »Ableben« hingewiesen.

Ich erhielt auch ein Infoblättchen über Chemos und Strahlen: der blanke Horror! Seitenweise Nebenwirkungen! Zuletzt ein paar Tipps, wie und womit man sich die Zähne putzen und gurgeln, was man essen und trinken sollte usw.

Ein Chemopatient muss ja voller Leid sein, dachte ich, und mir soll es auch so ergehen? »Nein!«, schrie ich lautlos. »Das will ich nicht, ich will leben mit Freude, auch während der Chemo, das Jetzt will ich leben, nicht das Morgen.«

Hatten Simonton und Siegel nicht geschrieben, dass drei Viertel der Nebenwirkungen durch negative Erwartungshaltung auftreten? Nochmals las ich die Bücher und ich entschied mich, die Chemotherapie zu meinem Verbündeten, zu meinem zu der Zeit besten Freund zu machen.

Ich begann, Wasser mit Liebe zu segnen und stellte mit Erstaunen fest, dass es anders schmeckte, dann segnete ich meine Mahlzeiten und schließlich meine Medikamente. Ich machte mir eine Vorstellung von der Chemo, was sie in meinem Körper bewirken würde und taufte sie »Cellos«. Ich sprach zu all meinen Organen:

Ihr Lieben,
hört gut zu!
Es wird viel mehr Arbeit auf Euch zukommen!
Bitte gebt Acht, es geht um unser Leben!
Cellos kommt!
Vertragt Euch mit ihm,
denn er wird uns helfen, wieder gesund zu werden.
Ich danke Euch, bis später.

Ich wusste ebenso, dass ich meine Leukozyten würde schützen müssen, denn Chemo zerstört alle sich schnell teilenden Zellen; neben Tumorzellen auch Haarwurzeln und Blutkörperchen.

Also sprach ich zu meinen Leukozyten, von denen ich mir ja bereits eine bildhafte Vorstellung gemacht hatte. Ich sagte ihnen, dass Cellos ihnen bald zu Hilfe kommen würde, dass sie sich mit ihm anfreunden, sich aber auch vor ihm schützen müssten. Ich tat dies vom Herzen, mit spürbarer Liebe für jede einzelne Zelle in meinem Körper und ich war überzeugt, dass alle meine Botschaften ankommen würden.

Ich sah mich gemeinsam mit der Chemo das Leben genießen und ich versicherte meinen Liebsten, die um mein Leben fürchteten –

vielleicht aber noch mehr die Nebenwirkungen der Chemo – dass es mir gut gehen würde.

Ich machte sogar Pläne, welche Frühjahrsblumen ich in unseren Garten setzen würde, wie die ganzen Geburtstage in diesem Sommer ablaufen sollten, welchen Ferienurlaub wir machen würden ...

Tumorklinik und der erste Chemokurs

Ich möchte erwähnen, dass die Tumorklinik zur Zeit, also zwei Jahre später, sehr schön renoviert wird.

»Gut gerüstet« mit meinem Mann an meiner Seite betrat ich am 6. April 1998 die Tumorklinik.

Zigarettenqualm kam uns entgegen, als wir die Eingangstüre öffneten. Wir standen in einer großen, düsteren Halle. Links erspähte ich eine Gruppe von sitzenden Menschen. Fast alle hatten einen Infusionsständer mit vielen baumelnden Flaschen und Beuteln neben sich stehen, fast alle waren kahlköpfig. Die meisten rauchten. Sie sahen krank aus. Direkt neben dieser Gruppe standen zwei Betten in einer Warteschleife vor den Röntgenkabinen. In einem Bett lag eine ältere Frau, sie schlief. In dem anderen lag ein kahlköpfiger Mann, er war sehr blass, sein Gesicht völlig ausgezehrt.

Ein Bein ließ er aus dem Bett hängen. Der Mann stöhnte leise und hatte eine Spuckschale neben seinem Kopf. Ich entdeckte noch zwei Getränkeautomaten und Fahrstühle.

Wir fuhren hoch zur Privatstation I3. Der Fahrstuhl kam mir klein und ziemlich alt vor. Ich hatte einen Kloß im Hals.

Auf dem Gang der I3 liefen Patienten, die meisten ohne Haare, auf und ab, Infusionsständer neben sich herschiebend.

»Endstation Leben!«, dachte ich. »Wie kann man denn hier gesund werden!« Am liebsten wollte ich fortlaufen. Alles fand ich schrecklich und hässlich, wirklich schrecklich hässlich.

Ich musste mein Gepäck abstellen und in ein kleines Arztzimmer zur Blutabnahme. Eine Ärztin begrüßte mich und meinte: »Wir haben Ihre Unterlagen ja bereits und ich muss Ihnen sagen, dass Sie mit Ihrer Erkrankung Ihr Leben lang leben müssen und dass Sie in diesem Stadium nicht mehr heilbar ist.«

Ich erstickte fast an meinem Kloß, der mit jedem Atemzug größer wurde und fragte sie, wieso ich dann überhaupt noch Chemo bekäme?

Sie erklärte mir, dass beim fortgeschrittenen Brustkrebs, also mit Lymphknotenbefall, nach den heutigen medizinischen Kenntnissen sehr mit einem Rezidiv zu rechnen sei. Aber möglich sei es auch, dass ich die nächsten 20 Jahre gesund bliebe.

Zwanzig Jahre! Damit gab ich mich erst einmal zufrieden und fragte nicht mehr weiter.

Es folgte eine Reihe von Untersuchungen. Röntgen der Lunge, CT vom Thorax und Abdomen, Ultraschall der Bauchorgane. Alles wurde abgesucht nach möglichen Metastasen.

Und überall war es trostlos! Sollte dieses furchtbare Gebäude das Spiegelbild der furchtbaren Erkrankung der Menschen hier sein?

Auf den Ultraschall wartend, schaute ich auf gammelige Türen, deren Scharniere anfingen sich zu lösen, Hinweisschilder aus Papier hingen zum Teil nur noch an einem Tesastreifen, nirgends war etwas Schönes zu sehen, weder eine Pflanze, noch ein Bild. Zum EKG musste ich durch lange, dunkle, schäbige Gänge. Rechts und links von ihnen konnte man in kleine, dunkle Zimmer einblicken, in denen Patienten, auf einem Stuhl sitzend, Chemo bekamen. Es war einfach furchtbar! So viel Elend!

Mir war, als käme ich direkt aus dem Paradies in die Hölle.

Heute weiß ich, dass ich für diese hässlichen »Nebensächlichkeiten« nur ein Auge hatte, weil es mir psychisch und physisch einigermaßen gut ging. Conny, eine junge Frau, die ich in der Tumorklinik während meines zweiten Chemokurses kennen gelernt hatte, erzählte mir, dass ihr all das Hässliche gar nicht aufgefallen sei. Ihr ging es so schlecht, dass sie sich nichts sehnlicher als ein Bett wünschte, ein Bett und Hilfe von den Ärzten. Und sie glaubte sich im Paradies, als es ihr nach einigen Tagen besser ging.

Die erste Nacht im Tumorzentrum schlief ich kaum. Ich teilte das Zimmer mit einer netten jungen Frau, die wegen einer akuten Leukämie behandelt werden musste. Sie hatte auch kleine Kinder. Auch sie war glücklich, in der Tumorklinik liegen zu »dürfen«, sie wäre gestorben ohne die unmittelbare Hilfe der Onkologen.

»Welchen Anspruch habe ich überhaupt, hier Schönes anzutreffen?«, dachte ich. »Wollen wir hier denn nicht alle ›nur‹ gesund werden?«

Hier gibt es keine Schminke, alle Masken fallen, der Scheinwerfer geht an und ein Lichtstrahl fällt auf meine Lebensbühne. Ich stehe mitten drin – mit Krebs, ohne Brüste und bald auch mit Chemo und ohne Haare...

Heulend rief ich Tom und sprach mit ihm die halbe Nacht. Er erinnerte mich an meine intensive »innere« Vorbereitung auf die Chemotherapie, an meine positive Einstellung und ermahnte mich dringlichst, diese nicht über den Haufen zu werfen, schließlich ging es um mein Leben und um nichts anderes.

Wie froh war ich, dass ich Tom hatte. Man sollte Kliniken, vor allem Tumorkliniken, immer mit einer kleinen »grünen Insel« betreten.

Ich kuschelte mich in meine Kissen und schlief in den Morgenstunden ein.

Um sieben Uhr schon hieß es: »Aufstehen!« Die Betten wurden frisch gemacht und dann gab es Frühstück. Ich freute mich, am Fenster zu liegen, ließ das Frühstückstablett auf den Betttisch stellen, trank meinen Kaffee und schaute nach draußen. Es war ein trüber Tag, der Himmel einheitlich grau. Nieselregen ließ sich zu tausend kleinen, blitzenden Wassertröpfchen auf den Fensterscheiben nieder.

Ich fühlte mich gut, in der Nacht noch hatte ich mich entschieden, alles positiv anzugehen. Das Hässliche und Furchtbare, das ich am Tag zuvor gesehen hatte, wollte ich nun erst einmal annehmen, wie es war, ich konnte ja sowieso nichts daran ändern. Gesund zu werden war mein Ziel und nicht, Energie zu verlieren durch eine deprimierte Grundhaltung.

»Heute ist ein weiterer wichtiger Tag, heute kommt Cellos!«, sagte ich mir.

Auf dem Weg zur Toilette, die sich auf dem Flur befand, begegnete ich schon meinem vor der Tür stehenden Infusionsständer und den daran baumelnden Beuteln – da musste ich erst einmal schlucken.

Vor allen Türen standen Infusionsständer! Überall war reges Treiben, ich sah viele Schwestern mit zahlreichen Infusionsflaschen in ihren Armen über den Gang laufen, und ich hatte noch nie so viele Ärztinnen und Ärzte auf einer Station gesehen.

Kurze Zeit später stand der Infusionsständer neben meinem Bett und schon ging es los. Nach sorgfältigem Absperren und Abklopfen meines linken Armes um eine für die Braunüle geeignete Vene zu finden, wurde zunächst ein »Antikotzmittel« angeschlossen. Dann kam der Arzt mit einer dicken Spritze voller purpurroter Flüssigkeit.

»Pures Gift« meinte er, »weder ich darf davon etwas abkriegen, noch darf es bei Ihnen para, also daneben laufen«. Ich korrigierte ihn und meinte, dass ich nicht Gift, sondern einen guten Freund namens Cellos bekäme und erzählte. Meine Einstellung fand er dann ganz toll.

Während er mir die Flüssigkeit sehr vorsichtig und im Wechsel mit einer Kochsalzlösung in die Vene spritzte, sprach ich mit meinen Blutkörperchen und Organen und segnete mit meinen Gedanken alle Medikamente, die ich bekommen sollte.

Meine Leukos zogen sich rasch blaue Regenmäntelchen an und freuten sich auf die Hilfe von Cellos.

Nacheinander flossen die Medikamente in meinen Körper, was einige Stunden in Anspruch nahm. Während dieser Zeit war ich gut beschäftigt, ich hörte Musik über den Walkman, las, meditierte oder quatschte mit meiner Bettnachbarin. Ich dachte nie daran, dass mir übel werden könnte.

Abends hatte ich richtigen Hunger und aß eine Riesenpizza mit meiner Tante und meinem Onkel beim Italiener! Mir ging es wunderbar!

Am nächsten Morgen begrüßten mich die Ärzte mit der traumhaften Nachricht, dass alle Röntgen- und CT-Befunde »ohne Befund«, also all meine Organe und Knochen röntgendiagnostisch metastasenfrei seien. Meine Freude, die ich in solchen Momenten erlebe, kann ich kaum in Worte fassen, in ihr sprudeln so viele Gefühle der Erleichterung und der Hoffnung. Mir ist jedes Mal so, als würde mir mein Leben neu geschenkt.

Überglücklich rief ich meinen Mann, meine Eltern, all diejenigen an, die mir lieb waren.

Dann bekam ich wieder Chemo, die Braunüle

lag ja schon, so konnte sofort mit dem »Antikotzmittel« begonnen werden. Wieder flossen zahlreiche Medikamente durch meine Vene in meinen Körper, und auch an diesem Tag segnete ich sie und stellte ich mir vor, wie alle Krebszellen verschwanden.

Mir ging es gut!

Wieder zu Hause

Mit Spritzen und Tabletten, aber vor allem mit vielen wertvollen Ratschlägen durfte ich nach vier Tagen für knapp zwei Wochen nach Hause. Ich freute mich riesig.

Mein Mann holte mich ab, und als wir die Eingangstüre öffneten, um hinaus zu gehen, spürte ich so unendlich viel Leben. Leichter Wind ließ mich die frische, wunderbare Luft wahrnehmen und Nieselregen benetzte mein warmes Gesicht. Wie erfrischend! Mir war, als erlebte ich zum ersten Mal Wind und Nieselregen, und ich freute mich darüber wie ein Kind über den ersten Schnee. Vögel hörte ich zwitschern, Osterglocken und Tulpen begrüßten mich am Wegesrand. »Wir haben Frühling«, sagte ich mir.

»Wie schön ist es hier und wie herrlich ist doch der Stallgeruch«, rief ich, als ich zu Hause durch alle Etagen lief und in alle Zimmer hineinschaute. Unser Haus erschien mir größer, die Pflanzen üppiger, die Wiese im Garten satter, alle Farben intensiver, als je zuvor.

Gegen Mittag holte meine Kinderfrau unsere zwei Kleinsten aus dem Kindergarten ab. Der Älteste ging damals in die erste Klasse und kam schon allein nach Hause. Wir begrüßten uns stürmisch, alle drei wollten zugleich auf meinen Arm. Wir ließen uns auf den Boden fallen, drückten und küssten uns.

Wie gesund sie aussahen, meine Kinder. Ich hatte sie zwar auch während meines Krankenhausaufenthaltes gesehen, aber sie kamen mir zu Hause so richtig rosig vor!

»Mama, wann verlierst du denn deine Haare?«, fragte mich Sebastian, mein Mittlerer.

»Wieso verlierst du denn deine Haare?«, fragte meine kleine Tochter Charlotte.

»Wachsen die denn wieder nach?«, wollte Lionel, mein Ältester wissen.

Alle drei Fragen kamen fast gleichzeitig aus den Mündern meiner Kinder, und drei Gesichtchen mit großen fragenden Augen schauten mich an. Mein Gott, hatte ich sie lieb, meine Süßen, und am liebsten wollte ich losheulen.

Da saßen wir verwurstelt zu viert auf dem Boden und ich musste ihnen erklären, wann, wieso und wie lange ich meine Haare verlieren würde. Merkwürdig, das mit den Haaren hatte ich doch nur einmal kurz erwähnt, als sie mich im Krankenhaus besuchten.

Plötzlich klopfte es an unsere Wohnzimmerscheibe und – schwubbsdiwubbs – waren meine Kinder mit einem Haufen Nachbarkinder in unserem Garten verschwunden.

Ich hatte ihnen nicht zu viel erzählt, und ich hatte auch nicht vor, mit ihnen in nächster Zukunft über die Ernsthaftigkeit meiner Erkrankung zu reden.

Mit einer Tasse Tee und einem Schokoriegel setzte ich mich auf die Terrasse und schaute der Rasselbande beim Spielen zu. Es hatte aufgehört zu regnen, und ab und zu lugte die Sonne zwischen den vorbeiziehenden Wolken hindurch, ließ alles erstrahlen und wärmte mich angenehm. Ich liebe diese Jahreszeit, wenn die Sonnenstrahlen streicheln und die Natur nach ihrem Erwachen in zarter Blüte steht. »Wie schön ist es hier«, dachte ich, und wie selten hatte ich solche Augenblicke zu genießen gewusst. Einfach nichts tun und wahrnehmen, das war für mich früher unerträglich gewesen.

Die Mama war wieder da, und ehe ich mich versah, war ich voll in Beschlag genommen. Um sechs Uhr morgens aufstehen, Frühstück machen, die Kinder anziehen, Popos abputzen, beklebte Mündchen und schmutzige

Händchen abwaschen, Mäntelchen und Mützen anziehen, unendlich viele Fragen beantworten, spielen, kuscheln, kochen – ein Wirken bis in die Abendstunden.

Der gleiche Tagesablauf wie vor acht Wochen und doch war alles anders. Es war die Unbefangenheit meiner Gedanken – die »Leichtigkeit meines Seins« – die fehlte, sorglos durch den Tag schreiten zu können. Für mich war es nicht mehr selbstverständlich, morgens aufzuwachen, den Tag begrüßen zu dürfen – vielleicht sogar ohne Schmerzen, ohne Nebenwirkungen der Chemotherapie – und abends zu Bett zu gehen nach einem erfüllten Tag mit meiner Familie, ohne Schmerzen.

Nichts war mehr selbstverständlich, und mit diesem Bewusstsein musste ich erst einmal lernen zu leben. Wie viele Male wollte ich Glücksmomente nicht mehr loslassen und wurde todtraurig!

Ich weiß erst heute, in welch einem Luxus ich damals, vor der Erkrankung, gelebt hatte. Ist es nicht Luxus pur, unbeschwert, ohne den Antrieb »Nutze den Tag, vielleicht ist es dein letzter!« das Jetzt leben zu können? Oder braucht man erst den Tod im Nacken, diesen »warnenden« Antreiber, um zu begreifen, wie wertvoll sie sind, das Hier und das Jetzt? Zeit war für mich etwas Selbstverständliches und nicht selten ging ich mit ihr verschwenderisch um.

Nebenwirkungen der Chemo verspürte ich vorerst gar nicht, so dass ich all das tun konnte, was ich mir wünschte und vornahm. Erst am achten Tag nach der Chemotherapie, als meine Leukozyten unter 1000 fielen – normal ist ein Wert von 4000–10000 – verspürte ich unangenehme Veränderungen. So begann sich zuerst meine Schleimhaut im Mund an einigen Stellen zu entzünden. Am besten half dagegen ein nicht so scharfes, aus Kräutern hergestelltes Mundwasser, das ich mir von der Apotheke bringen ließ. Durch die hohe Infektanfälligkeit aufgrund der wenigen Leukozyten, blieb ich mehr zu Hause und mied Orte mit vielen Menschen. Auch Küsschen auf den Mund waren in dieser Zeit nicht angesagt.

Zweimal in der Woche kam »mein« Hausarzt zu uns nach Hause, um mir Blut abzunehmen. Einige Werte mussten engmaschig kontrolliert werden, und gegen mein Leukozytentief bekam ich täglich, und zwar sechs Tage lang s.c. (sub cutan – unter die Haut), die von der Tumorklinik verordneten Spritzen. Sie sollten zu einer vermehrten Produktion der Leukozyten anregen. Die ersten Tage nach den Spritzen fühlte ich mich etwas krank, so, als bekäme ich eine Grippe, und all meine Knochen taten mir weh. Aber sie wirkten, diese Spritzen, denn meine Leukozyten schossen hoch auf über 10.000. Später fielen sie dann wieder ab bis auf 5000, aber das waren reichlich für die nächste Chemo.

Täglich meditierte ich und sprach mit meinem inneren Ratgeber Tom sowie mit Cellos, meinen Leukozyten und meinen Organen.

Wenn Beschwerden auftraten, fragte ich meinen Körper und Cellos, was ich tun könne, um sie miteinander in Einklang zu bringen. So versorgte ich mich für die Nacht mit einer großen Kanne Fencheltee und Zwieback – ich konnte nachts wegen häufiger Schweißausbrüche und Magenzwicken nur schlecht schlafen – so dass ich die Wachzeiten dazu nutzte, meinem Magen etwas Gutes zu tun. Meinen Schlafmangel machte ich tagsüber durch Meditationen und Atemübungen wieder wett und er wurde so nie zu einem Problem.

Ich ging viel an die frische Luft, machte mit den Kindern kleine Radtouren, setzte Frühlingsblumen in unseren Garten – mir ging es gut und ich sah aus wie das blühende Leben. Alle wunderten sich über meinen ja eigentlich hervorragenden »Chemozustand« und mein Hausarzt sagte einmal scherzend: »Wenn

Ihnen nicht bald die Haare ausgehen, könnte man meinen, Sie seien resistent gegen die Chemo.«

Gedanken wurden Wirklichkeit

Wie anders ich mich doch fühlte, als ich für den nächsten Chemokurs wieder die Tumorklinik betrat. Ohne Angst und mit unglaublich viel Selbstvertrauen fuhr ich mit dem Fahrstuhl hoch auf die 13. Dieses Mal kam er mir nicht mehr klein und alt vor, der Fahrstuhl, und all das Hässliche störte mich überhaupt nicht mehr – ich war überglücklich, einfach überglücklich mit mir selbst.

Hier fällt mir eine passende Lebensweisheit von John Milton ein, die Anthony Robbins in seinem Buch »Das Power Prinzip« zitiert:

»Der Geist ist eine Stätte für sich,
er kann aus dem Himmel eine Hölle
und aus der Hölle einen Himmel machen.«

Auf der Station begrüßten mich Ärzte und Schwestern herzlich und sie waren erfreut, dass es mir so gut ging.

Nach einer Blutabnahme, einer Ultraschalluntersuchung der Bauchorgane sowie einem EKG konnte es losgehen. An zwei Tagen sollten die Infusionen laufen, drei Tage sollte ich insgesamt auf der Station verweilen. In dieser Zeit lernte ich Conny kennen, eine wundervolle, optimistische, junge Frau, mit der ich zusammen auf einem Zimmer lag. Wir verstanden uns auf Anhieb bestens, unterhielten uns fast ohne Unterlass stundenlang, und wir waren beide ein und derselben Meinung: Mit einer positiven Einstellung kann man unheimlich viel erreichen im Leben, eben auch eine Chemo gut vertragen. Sämtliche Strategien, die jeder für sich entwickelt hatte, tauschten wir aus, von Leukozyten mit Regenmäntelchen bis hin zur Chemo als Zaubertrank. Und in unserer vor allem für Außenstehende doch leidvollen Misere behielten wir einen gesunden Humor, konnten wir lachen.

Philosophierend über das Leben bekamen wir beutelweise Chemo, aßen Lakritz und uns wurde überhaupt nicht schlecht. Wir machten uns zum Motto »Carpe diem, nutze den Tag« und wurden Freundinnen.

Das Essen in der Tumorklinik kann man so ziemlich vergessen. Nach meiner letzten Infusion, das war stets Cortison, bekam ich regelmäßig einen solchen Riesenhunger, dass ich mich abends bei meinen Eltern oder Freunden zum Essen einlud.

Zu Beginn der Therapie konnte ich noch alles gut schmecken, später aber, ungefähr nach dem dritten Chemokurs, hatte ich immer einen »Maggi« ähnlichen Geschmack im Mund. Mit Süßigkeiten und Kuchen konnte man mich dann jagen, ich zog dem ein saftiges und gut gewürztes Stück Fleisch vor. Ich malte mir täglich Speisen aus, die mir munden könnten. Manchmal musste ich ziemlich lange »malen«, aber zum Schluss hatte ich mir immer ein leckeres Essen zusammengestellt. Ich achtete sehr darauf, häufig kleine Mahlzeiten, entsprechend meinem Hungergefühl, einzunehmen.

Viele meiner Freunde und Familienangehörigen sahen mich zu Beginn der Chemo – zumal ich nichts mehr zuzusetzen hatte – abgemagert bis aufs Skelett. Das ist aber nicht eingetreten! Ich hatte es sogar geschafft zuzunehmen, von 39 auf zunächst 48 Kilo, zum Ende der Chemo wog ich dann immerhin noch 45 Kilo.

Der zweite Chemokurs verlief also auch reibungslos, ich meine ohne Komplikationen.

Ich wurde mit allem zunehmend vertrauter und fühlte mich nicht mehr fremd. Nach drei

Tagen konnte ich die Klinik verlassen und ein gutes Gefühl begleitete mich nach Hause.

Die Chemozeit ging eigentlich ziemlich schnell vorüber. Insgesamt erhielt ich sechs Kurse über vier Monate.

Unangenehme Begleiterscheinungen, wie Müdigkeit, Entzündungen der Schleimhäute und starkes Abfallen meiner Leukozyten, hatten zwar von Chemo- zu Chemokurs zugenommen, aber sie stahlen mir nie meine Lebensfreude. Auch eine Grippe, die mich für mehrere Tage ans Bett fesselte, war nicht zum Albtraum geworden – laut Broschüre hätte es einer werden können.

Nach einigen Übungen an einer Apfelsine verabreichte ich mir die »Leukozytenspritzen« in den Chemopausen selber und ich spürte bald auch alleine, ohne Hilfe eines Blutbildes, wann meine Leukozyten ihren Tiefstand erreicht hatten.

Zum Ende der Therapie hatte ich trotz Antibiotika, die ich die ganze Zeit einnehmen musste, vereiterte Nasennebenhöhlen. Das fand ich eigentlich am Schlimmsten. Ich fühlte mich so richtig schlapp.

Übergeben musste ich mich nicht ein einziges Mal. Wurde mir übel, so nahm ich ein »Antikotzmittel«, wie zum Beispiel Zofran, das ich immer bei mir trug, und es wirkte ziemlich schnell. Manchmal, wenn ich mich unbehaglich fühlte, half mir auch die Autosuggestion. Ich sagte mir nur einen Satz immer wieder laut vor, zum Beispiel: »Es geht weg, es geht weg, es geht weg, es geht weg...«, und mir ging es tatsächlich besser. Autosuggestion bedeutet hier nach Coué: Durch mich selbst bewirken, dass ein Gedanke in mir Wurzel fasst.

Stelle ich mir vor, ich würde eine saftige Zitrone auslutschen, dann läuft mir das Wasser im Munde zusammen.

Ich habe Patienten kennen gelernt, denen schon im Fahrstuhl des Krankenhauses übel wurde, weil ihnen die nächste Chemo bevorstand. Eine Frau erzählte mir, dass sie nach der Chemotherapie die Farbe Rot nicht mehr ertragen konnte, der bloße Anblick von Erdbeeren brachte sie zum Würgen, da sie unverzüglich an die rötlichen Infusionen denken musste und dann deren Geschmack auf der Zunge hatte. Zwei Beispiele dafür, wie mächtig unsere Gedanken und die Vorstellungskraft sind.

Wider die Erwartung aller, hatte ich diese ganze Behandlung gut vertragen und die vielen schlimmen Nebenwirkungen, die man mir vorausgesagt hatte, waren so gut wie gar nicht eingetreten. Ich konnte in den Chemopausen zu Hause bei meiner Familie sein, und obwohl meine Kinder zu der Zeit häufig erkältet waren, hatte ich mich nicht angesteckt, trotz geringer Leukozytenpopulation. Mir war es gelungen, mit Chemo das Leben zu genießen – so, wie ich es mir auch vorgestellt hatte. Für viele, die mich erlebten, mich sahen, war das alles wie ein Wunder.

Für mich war dieses »Wunder« das wunderschöne Ergebnis meiner Meditationen, der positiven Gedanken und Vorstellungskraft, meines Glaubens und folglich meiner Lebensfreude.

Zum Ende der Chemotherapie wuchs in mir das Bedürfnis, meine positiven Erfahrungen weiterzugeben, so verfasste ich einen Brief, den ich auf der Krebsstation auslegte.

Inzwischen schicke ich diesen Brief an zahlreiche Krankenhäuser in Deutschland, wo sich viele Menschen durch die Nachricht einer lebensbedrohlichen Krankheit ihrem Schicksal zunächst ausgeliefert fühlen. Nicht jeder hat das Glück, eine wunderbare Psychologin zu kennen, die in dem richtigen Augenblick den richtigen Satz sagt, so wie es bei mir war. Häufig sind Freunde und Ärzte überfordert und können nicht helfen, schon gar nicht die engsten Familienangehörigen, die meist auch unter Schock stehen.

Der Brief soll eine Art »Erste-Hilfe-Maßnahme« sein. Er soll Mut machen, zum Nachdenken und Meditieren anregen. Er enthält lebensbejahende Botschaften, auch für Gesunde.

Krankenhaus – Ärzte – und der Patient

»Die Behandlung einer Krankheit kann völlig unpersönlich erfolgen; aber die Sorge für den Patienten muss absolut persönlich sein ... Das Geheimnis der Versorgung des Patienten liegt in der Fürsorge für ihn.«

Dr. Francis Peabody, Harvard University

In der Tumorklinik begrüßten die Ärzte mein medizinisches Grundwissen, das ich mir durch mein Studium und eine langjährige Freundschaft mit einem Anästhesisten angeeignet hatte, sowie meine Eigeninitiative in Bezug auf Untersuchungen, Ergebnisse und viele andere Dinge. Ich wollte immer verstehen, manchmal auch kompliziertere Zusammenhänge, und stellte entsprechend viele Fragen.

Ich halte es für sehr wichtig, als Patient in einem großen Klinikbetrieb wachsam zu sein, denn in der Hektik ist nicht auszuschließen, dass die Kommunikation zwischen Ärzten, Schwestern, Röntgen- und Laborassistenten nicht immer richtig funktioniert. So können Untersuchungen vergessen oder doppelt ausgeführt, sogar Patienten verwechselt werden oder auch die falschen Tabletten im Medikamentenschälchen landen. Fehler werden überall gemacht und sind eben menschlich. Doch in der Medizin können Fehler verheerende Auswirkungen haben. Deshalb ist Wachsamkeit besser als blindes Vertrauen. Schließlich geht es um unseren Körper, um unser Leben.

Unfreundlichkeit lasse ich mir nicht mehr bieten. Wie häufig erlebte und erlebe ich unfreundliches Personal und entwürdigende Situationen. In vielen, vor allem röntgendiagnostischen Abteilungen, werden wir Patienten besonders schlecht behandelt. Ich warte zum Beispiel nicht mehr halb nackt in einer ein mal ein Meter großen, meist miefenden Umkleidekabine, bis die klinkenlose Türe nach einer Ewigkeit aufgeht und ich endlich, halb durchgefroren und mit »Eisfüßen«, durchleuchtet werden kann – wenn ich Riesen-Pech habe, auch noch von muffeligen Angestellten. Ich warte grundsätzlich vor der »Umkleide«, lasse ihre Tür geöffnet und betrete sie erst zum Entkleiden, wenn ich wirklich dran bin. Und ich verlange höflich eine freundliche, angemessene Behandlung. Früher ärgerte ich mich immer schwarz, weil ich diesen Situationen nicht gewachsen war. Ich traute mich nie, etwas zu sagen. Das war ein richtiges Dilemma, ich ließ mich verletzen und verlor dadurch meine Energie, die ich doch zum Gesundwerden so dringend brauchte.

Wir Patienten sollten nicht vergessen, dass wir Kunden sind! In der Industrie werden missmutige Mitarbeiter gefeuert, zumindest bekommen sie eine Abmahnung – oder der Kunde bestellt ganz einfach woanders...

Ich kann auch nicht verstehen, warum so viele Menschen, sobald sie als Patient eine Klinik betreten, ihre Identität an der Pforte abgeben und alles nur noch geschehen lassen. Warum?

Um gesund werden zu können, muss ich ein gewisses Mitspracherecht an der Behandlung haben. Ich wünsche, mit den Ärzten ein Team zu bilden, deren Meinungen zu hören und gemeinsam mit ihnen Entscheidungen treffen zu können, denn wer kennt meinen Körper – mich – besser als ich, und es geht doch um mich!

Das klingt vielleicht übertrieben, aber es ist häufig so, dass eben nur der Körper oder das

Körperteil behandelt wird und der Patient, als Ganzheit von Körper und Geist, regelrecht entmündigt »auf der Strecke bleibt«. Ich diskutiere mit den Ärzten, wenn ich zum Beispiel ein anderes Antibiotikum wünsche, ich schlage Medikamente vor, die ich alternativ gut vertrage, ich frage nach Massagen, wenn ich durch Verspannungen Kopfschmerzen habe, und wenn ich ein längeres aufklärendes Gespräch wünsche, dann melde ich mich. Auch meine Ängste lasse ich sie wissen.

Allerdings bleibt der Wunsch nach mehr Menschlichkeit wohl nur ein schöner Traum, solange Visiten innerhalb einer Minute »abgehandelt« werden und Gespräche – vor den Türen – in etwa so ablaufen:

»Was macht die Hüfte in Zimmer 306?«

»Der PE-Patientin in Zimmer 302 geht es besser.« »Was ist mit der Ca-Patientin, hat die heute noch ein MRT?«

»Die Hüfte kann runter in den OP.«

Dass die Mediziner erfreut sind über einen Patienten, der mitdenkt, ist leider nicht immer die Regel. Auch ich musste schon mit Ärzten vorlieb nehmen, die mein Wissen sowie meine Achtsamkeit über meinen Körper völlig ablehnten, obwohl ich ihnen dadurch schon manchen Ärger oder Komplikationen erspart habe. Von ihnen bekam ich dann zu hören:

»Es sieht ganz so aus, als beschäftigten Sie sich viel zu viel mit Ihrer Erkrankung.« Oder: »Patienten mit ›etwas‹ Wissen sind die schlimmsten«, oder »Sie müssen ja ziemlich viel über Ihre Erkrankung nachgelesen haben.« »Sie sind ja fast hysterisch«, bekam ich zu hören, als ich darauf beharrte, wegen meiner starken Brustschwellung zur Abklärung in die Uniklinik eingewiesen zu werden.

Ich werde nie das Erlebnis vergessen, als ich mit hochrotem Kopf, heißen, aufgeplatzten Lippen, einem bis zum Hals rasenden Puls und mit meiner drei Monate alten Tochter in meinem Arm eine gynäkologische Klinik an einem Wochenende aufsuchte, weil ich Hilfe benötigte. Ich hatte eine Temperatur von über vierzig Grad Fieber und unerträgliche Unterleibsschmerzen. Meine Tochter weinte unaufhörlich, da meine Milch versiegt war. Das Fläschchen wies sie entschieden von sich. Völlig erschöpft wollte ich nur noch Hilfe von den Ärzten und ein Bett. Doch von Hilfe war erst einmal nichts zu spüren, da weder Schwestern noch Ärzte meine hohe Temperatur anerkennen wollten. Das hochmoderne Thermometer – es sah aus wie eine kleine Pistole – zeigte nämlich, tief in mein Ohr gesteckt, nur 36,6°C an. Der hohe Puls, na ja, das sei nervös bedingt, so meinte man. Erst nachdem in jedes Ohr mindestens drei mal das Thermometer »hineingestopft« worden war, immer aber die gleiche Temperatur um die 36°C auf dem Display erschien und ich immer wieder behauptete, dass ich hohes Fieber hätte, holte man ein herkömmliches Thermometer. Zwei mal wurde dann noch axillar – unter dem Arm – und zum guten Schluss noch zwei mal rektal – im Po – gemessen, natürlich immer im Beisein einer Schwester oder eines Pflegers. Nach einer fast zweistündigen Prozedur stand die Temperatur dann schließlich fest: septisches Fieber. Ich wurde in Ruhe gelassen, bekam ein Bett und einen Schluck zu trinken. Mein Kind war erschöpft in meinem Arm eingeschlafen. Am Ende des Tages stellte sich heraus, dass ich wegen einer akuten Gebärmutterentzündung so hoch fieberte. Die doch so fehlerhafte Messung des neuen Fieberthermometers wurde zum Gesprächthema Nummer eins auf der Station.

Noch heute bekomme ich einen Koller, wenn Schwestern mit diesen modernen Geräten bei mir die Temperatur messen wollen, und immer wieder muss ich diese Geschichte erzählen – häufig mit einer Gänsehaut.

Auch wenn Ärzte, Schwestern und Pfleger schon »Pferde vor der Apotheke haben kotzen sehen«, sollten sie ihren Blick, ihren Scharfsinn und ihre Kompetenz bewahren für das Wesentliche!

Mit den Ärzten und Schwestern der Tumorklinik verstehe ich mich auch heute noch sehr gut. Habe ich ein Problem, kann ich immer dort anrufen und werde mit dem richtigen Ansprechpartner verbunden. Das war auch während der Chemo so, und ich kam mir nie vor wie eine hilflose oder nicht ernst genommene Patientin.

Auch in anderen Kliniken, die ich zuweilen aufsuchen muss, habe ich es geschafft, so behandelt zu werden, wie ich es mir wünsche. Ich kenne mittlerweile Ärzte, die ihr Herz eben auch im Beruf am richtigen Fleck tragen, die bei der Visite nicht schon mit den Gedanken im OP oder Gott weiß wo sind, die sich Zeit nehmen und zuhören, die trösten und Mut machen. Solche Mediziner gibt es, man muss sie nur suchen, und ich glaube, dass sie durch Dankesbriefe, Worte oder Blicke seitens der Patienten so viel zurückbekommen, dass sie gefühlsmäßig in ihrem Job nicht ausbrennen. Auch der Heilungserfolg wird mit Sicherheit ein größerer sein, handelt ein Arzt aus Liebe.

Statistiken ... und über die Hoffnung

Statistiken sind der Triumph der quantitativen Methode, und die quantitative Methode ist der Sieg der Sterilität und des Todes.«

Hilaire Belloc

Laut Statistik könnte ich auch schon unter der Erde liegen, zumindest dürfte mein Körper bereits Metastasen aufweisen. Die Prognose für mich war wirklich nicht gerade hoffnungsgebend, denn ich hatte mit meinen 35 Jahren einen wirklich riesigen Tumor in der Brust und befallene Lymphknoten. Doch ich zählte mich zu denen, die es schaffen würden. Für mich ist ein halbes Glas Wasser immer halb voll, und sollte auch nur noch ein Tropfen in diesem Glas sein, so gibt es immer diesen einen wundervollen Tropfen. Lässt man sich durch Statistik entmutigen und sieht man sich auf der Seite des »Verlierers«, ist die Chance, wieder gesund zu werden, sicherlich geringer. Diese Erfahrung hatte ich bereits während meines Studiums gemacht. Sie bezieht sich zwar auf einen anderen Bereich, ist aber relevant für wohl alle Lebenssituationen. Ich hatte mich von Statistiken bezüglich der »Durchfallquote« bei schwierigen Klausuren so beeindrucken lassen, dass ich mich schon Wochen vor den Prüfungen zu den »Versagern« zählte. Eingeschüchtert durch eine sechzigprozentige »Durchfallquote« sah ich mich mit hochrotem Kopf, nichts zustande bringend, über meiner Aufgabe brüten. Natürlich fiel ich durch. Erst eine andere Einstellung, ein größeres Vertrauen in mein Können und in mein Selbst brachte die Wende, und mir gelang jede Prüfung.

Ich erinnere mich noch an die Seelsorgerin, wie sie mit Tränen in den Augen nach meiner ersten Brustoperation am Bett stand und mir dringend riet, meine Kinder über meine lebensbedrohliche Situation aufzuklären. Vielleicht würde ich ja bald sterben, so wie ihre Freundin, die ein halbes Jahr nach der Diagnose Brustkrebs kurz nach Weihnachten verstorben war. Sie soll aber noch eine wunderbare Zeit mit ihren vier Kindern verlebt haben. Ich fing an zu weinen und bat sie, das

Zimmer zu verlassen. Sollte sie nicht Worte der Hoffnung sprechen?

Nein, mit dem Tod wollte ich mich nicht anfreunden. Das hätte meinen guten »Lebensgeistern« geschadet und ich entschied, vorerst meinen Kindern nichts über die Bösartigkeit meiner Erkrankung zu erzählen.

Wie häufig musste ich hören »Brustkrebs! Oh wie furchtbar, meine Mutter hatte auch Brustkrebs, sie ist leider gestorben.« »Meine Schwester hat den Brustkrebs nicht überlebt.« »Meine Tante starb vor zwei Jahren an Brustkrebs.« ...

Sollten wir einem Krebskranken nicht eher positive Lebensgeschichten erzählen, die ihm Mut machen und Hoffnung geben? Zu selten höre ich von positiven »Krebslebensläufen«. Seltsam, werden sie so schnell vergessen? Was ist es, das die »Gesunden« veranlasst, einem sich seiner Sterblichkeit weiß Gott bewussten Krebskranken Trauergeschichten zu erzählen? Vielleicht Sensationslust, ein Gefühl der Macht oder der Ohnmacht? Egal, welche Absicht auch immer dahinterstehen mag, für mich sind das richtige, kleine Verbrechen!

Leider machen auch viele Ärzte uns Krebspatienten nicht gerade Mut. Vielleicht ist es ihre eigene Angst vor einer solchen Erkrankung, die wir dann zu spüren bekommen und die alles hoffnungslos erscheinen lässt?

Trotzdem, jemandem Hoffnung zu geben, ist wie ein Geschenk.

Hoffnung beruht auf keiner Statistik, ist nicht zu bewerten und kostet nichts.

Ohne Hoffnung – kein Leben.

»Sollte sich wirklich herausstellen, dass Sie Knochenmetastasen haben, würde ich an Ihrer Stelle gar nichts mehr machen lassen. Dann ist eh alles zu spät. Seit zwanzig Jahren habe ich nun meine Praxis, und Sie können mir glauben, wenn ich Ihnen sage, dass alle Patienten und Patientinnen nach einer Metastasierung sehr schnell gestorben sind, ausnahmslos. Brustkrebs ist eine der tückischsten Krebsarten in punkto Metastasierung. Haben Sie Metastasen, genießen Sie noch Ihre Zeit; das würde ich zumindest tun, wäre ich in Ihrer Situation.«

Das riet mir ein Arzt, der mich gut kennt, als ich ihn kurz vor der geplanten Operation am Becken im November dieses Jahres aufsuchte. Wie konnte er mir nur so etwas sagen? Und woher wollte dieser Arzt wissen, was er tun würde, hätte er Metastasen? Er hat schließlich keine – also weiß er überhaupt nichts.

Und es ist weiß Gott nicht einfach, solche gewichtigen Äußerungen eines Mediziners zu überhören. Ich habe nicht vor, zu kapitulieren, sollte ich eines Tages an Metastasen erkranken. Leben will ich! Alle modernen medizinischen Therapieformen würde ich in Anspruch nehmen, Chemo, Bestrahlung... und sie mit meinem Glauben kombinieren: »Ich werde gesund!« Ich würde den ganzen Weg noch einmal gehen und immer wieder, solange mein Lebenswille es will...

Simonton, Siegel, Le Shawn und andere haben festgestellt, dass die meisten »passiven« Patienten, die ihrem Arzt blindlings glauben und auch bedingungslos den baldigen Tod hinnehmen, genau in dem von ihrem Arzt prognostizierten Zeitraum sterben. Solche Prognosen empfinde ich als sich selbst erfüllende Prophezeiungen, ähnlich wie beispielsweise bei Naturvölkern ein plötzlich auftretendes böses Omen unverzüglich den Tod zur Folge hatte.

Bitte, liebe Ärzte, machen Sie nicht diesen Fehler und stellen eine Prognose, auch wenn die Frage lautet: »Wie lange noch, Herr Doktor?« Schauen Sie, bevor Sie zu sprechen beginnen, dem Patienten in die Augen und öffnen Sie Ihr Herz! Da jeder Mensch einzig ist, entfällt jegliche Statistik, und somit auch alles Vorhersehbare...

Häufig höre ich das Argument: »Wir können

einem Patienten doch keine ›falschen Hoffnungen‹ machen.« Was sind falsche Hoffnungen? Dass dem Patienten vielleicht weniger Zeit verbleibt, als ihm vorausgesagt wurde? Ist dann nicht gerade Hoffnung unentbehrlich? Können wir nicht mit der Hoffnung die Zeit, die uns zur Verfügung steht, wunderbar nutzen und bereichern? Ich möchte hier besonders betonen »die Zeit, die uns zur Verfügung steht« und nicht »die uns noch verbleibende Zeit«. Diese Formulierung wird auch immer wieder von den Medizinern benutzt. Sie ist negativ, denn sie beinhaltet eine Rückrechnung – so, als wüssten die Herren Doktoren schon, wann unsere Todesstunde schlagen wird.

Niemand kann uns ein langes Leben versprechen, wir sitzen alle auf einem Pulverfass. Sollte ich wegen meiner lebensbedrohlichen Erkrankung in Depressionen fallen? Ja, was wäre, würde ich morgen tödlich verunglücken? Dann hätte ich meine ganze wertvolle Zeit vergeudet!

»Falsche Hoffnung« gibt es nicht! Dieser Begriff müsste aus dem Vokabular gestrichen werden.

Hoffnung ist ein psychologischer Vorgang, der stark macht, der absolut lebensbejahend ist. Hoffnung kann gesund machen!!!

Ich suche heute nur noch Ärzte auf, die mir Hoffnung geben, denn ich bin nicht immer so stark, pessimistische Prophezeiungen von mir zu weisen.

Schönheit

*A*ch, was hast du schöne Zöpfchen«, sagte eine Frau meiner dreijährigen Tochter, als wir, meine drei Kinder und ich, ein Eis schleckend durch die Stadt schlenderten. Meine Tochter machte vor Freude eine kleine Pirouette und meinte schließlich: »Meine Mama hat aber eine Glatze, ja wirklich«, und schaute mich keck an. Auch die Frau sah mich – allerdings ein bisschen verwirrt – an. Ich musste lachen, wir lachten alle zusammen, ich zog mein »Cappy« ab und zeigte ihr meine Glatze. Früher hätte mir meine Eitelkeit so etwas niemals erlaubt, unzählige Male schaute ich in reflektierende Schaufensterscheiben, um mich zu vergewissern, dass die Spangen auch noch richtig in meinem langen, lockigen Haar saßen. Ich deckte jeden Pickel ab, den ich entdecken konnte und benutzte Massagegels zur Festigung des Bindegewebes. Welch eine übertriebene Eitelkeit! Dann verlor ich von heute auf morgen meine Brüste und Haare. Das musste ich erst einmal überwinden.

Ewige Schönheit – Antifaltencremes, Liftings, Massagegels gegen Cellulitis, Abmagerungskuren, Schönheitssalons, Sonnenbänke, Fitnesszentren ... Was für eine Fassade! Welch eine Energie-, Zeit- und Geldverschwendung!

Wer »schön« sterben will, sollte jung sterben, schrieb ich damals in meinen Brief. Ist es denn nicht so, dass wir froh sein können, wenn wir alt und faltig ins Grab gehen?

Der Verlust meiner Haare und Brüste war das wohl größte Paradox in meinem Leben. Ich creme mir täglich die Brüste ein, damit die Haut sich samtig anfühlt, nicht schlaff wird und die Brüste nicht eines Tages zu hängen beginnen und von heut auf morgen werden sie mir abgeschnitten! Plötzlich heißt es nur noch: Leben oder Sterben?

Lange Haare, bis zu den Schultern! Wie sehr hatte ich sie gepflegt, geföhnt und eingerollt. Gedanken hatte ich mir gemacht, wie ich meine Frisur heil durch den Regen bringen würde. Und auf einmal sollte ich eine Glatze bekommen! Leben oder Sterben?

Am zweiten Tag nach der ersten Brustoperation entschied ich mich für eine Kurzhaarfrisur. Es erschien mir unmöglich mit meinem durch die Operation kaum bewegbaren rechten Arm, meine Haare waschen oder föhnen zu können. Ich rief meinen Friseur an, und er war so nett und kam einen Tag später ins Krankenhaus. Da saß ich im Badezimmer, noch mit OP-Kittelchen, auf einem Stuhl und ließ mir die Haare schneiden. Die Kurzhaarfrisur war problemlos zu pflegen, und sie stand mir gut. Ich war froh über meine Entscheidung.

Mit dem Gedanken, bald eine Glatze zu bekommen, konnte ich mich zunächst nicht anfreunden. Ich stellte mich nackt und hässlich mit Glatze vor. Außerdem wüsste dann jeder Bescheid. Chemo wird erst durch Glatze sichtbar, und Chemo bedeutet Krebs! Das wollte ich nicht. So suchte ich noch während meines Aufenthaltes im A.-Krupp-Krankenhaus einen Perückenladen auf und setzte mir die verschiedensten »Frisuren« auf den Kopf. Die Verkäuferin war unwahrscheinlich unfreundlich. Obwohl sie wusste, worum es ging, half sie mir keineswegs bei meiner Wahl. Die unterschiedlichsten Köpfe, mit Tränen in den Augen, schauten mich aus dem Spiegel an. Meine Mutter war bei mir. Ich glaube, sie wird diesen Augenblick nie vergessen. Unglücklich entschied ich mich schließlich für einen Pagenkopf, nicht zu kurz, nicht zu lang. Für den Fall des Falles hatte ich schon mal eine Perücke im Nachtschrank! Zu Ostern, nach meinem zweiten Chemokurs, fingen meine Haare an auszufallen. Haufenweise fand ich sie überall in unserem Haus, sie lagen auf meinem Kopfkissen, hingen im Essen, verstopften den Abfluss der Dusche, sogar das Rohr des Staubsaugers.

Also setzte ich mich wieder auf einen Stuhl, dieses mal aber nicht im Badezimmer, sondern in unsere Küche, und der Friseur war mein Mann – mit einer Haarschneidemaschine. Meine Tochter schaute uns mit ungläubigen Augen zu und fragte immer wieder: »Mama, warum machst du das?« Als dann ein riesiger Berg Haare auf dem Boden lag, vergaß sie ihre Frage und fing an, eine Burg aus meinen Haaren zu bauen.

Als ich in den Spiegel schaute, sah mein Kopf aus wie eine Mozartkugel. Nur noch einige Millimeter lange dunkle Stoppeln! Komisch sah das aus und gewöhnungsbedürftig, so fand ich.

Ich holte die Perücke aus der Kommode und setzte sie auf. Sie passte jetzt viel besser, richtig stramm saß sie.

Doch plötzlich wurde ich traurig.

»Hallo, du da! Bin ich das oder – wer bist du?«, fragte ich mein Spiegelbild. »Du siehst aber traurig aus! Wann soll ich denn du sein und wann ich? Soll ich um fünf Uhr morgens aufstehen, schnell die Perücke überziehen und du sein, damit niemand sieht, wie ich bin, oder soll ich vielleicht immer du sein, mit Perücke schlafen und duschen?«

Dicke Tränen kullerten über mein Gesicht. Ich bin doch ich, oder schäme ich mich etwa mit Glatze vor meinen Kindern, meinem Mann, meinen Freunden, vor allen Menschen auf der Straße? Ich zog die Perücke wieder ab und schaute mich an. Sollte ich mich so nicht mehr leiden, mich nicht mehr lieb haben können? Würde ich einem meiner Kinder eine Perücke aufsetzen, weil ich es mit Glatze nicht mehr leiden und lieb haben würde? Nein, bestimmt nicht!!!

Tom meldete sich energisch und meinte, dass ich mich gefälligst lieb haben solle, und dass ich auch ohne Haare schön sei.

Die Perücke landete wieder in der Kommode und ich entschied, dass farbenfrohe Cappies und Hüte meinen Kopf schmücken und meine Glatze vor Kälte schützen sollten. Wenn es warm war, »trug« ich nur Glatze. Mit meinem Outfit sah ich »total cool« aus, das meinten zumindest meine Jungen, denn zu der Zeit fand gerade die Fußball-Weltmeisterschaft statt, und viele Fußballspieler hatten sich den Kopf kahl geschoren. Meine Tochter nahm fast jeden Abend, wenn ich sie zu Bett brachte, meinen Kopf in ihre Arme, küsste und streichelte meine Glatze. Häufig sagte sie, dass ich die schönste Mutti der Welt sei und dass sie mich unendlich lieb haben würde ...

Noch nie in meinem Leben wurde mein Kopf so viel gestreichelt wie zu der Zeit. Um mir meinen Einstieg ins »Glatzenleben« zu erleichtern, rasierte sich mein Mann seine Haare ebenfalls bis auf wenige Millimeter ab, und sogar meine Jungen bestanden darauf, einen Stoppelschnitt zu bekommen. Wir sahen uns alle ganz schön ähnlich und wir verlebten ein unvergessliches Osterfest!

Mit unerschütterlichem Selbstbewusstsein trug ich meinen kahlen Kopf und ich scheute nicht einen Augenblick die Reaktionen meiner Mitmenschen, obwohl ich häufig Kommentare, zum Teil ziemlich bösartige, zu hören bekam.

Einmal lief mir eine Frau hinterher und rief entsetzt, fast maßregelnd, wieso ich meine schönen langen Haare abgeschnitten hätte. Sie rief so laut, mitten in der Fußgängerzone von Ratingen, dass Leute um mich herum stehen blieben und schauten. Ich antwortete spontan, so ganz aus dem Bauch heraus und laut genug: »Ach, das fällt in der Tumorklinik überhaupt nicht auf.« Der Frau blieb der Mund offen, die Leute um mich herum gingen schnell weiter. Ich war unglaublich stolz auf mich.

Als nach vier Monaten die ersten neuen

Härchen auf meinem Kopf zu sehen waren, freute ich mich. Sie waren weich wie Seide und alle wollten gern einmal darüber streicheln. Überall sprossen auf einmal wieder Haare, was für ein wunderbares Lebenszeichen!

Heute habe ich wieder volles Haar. Ich kann es durch meine Finger gleiten lassen, waschen, föhnen ...

Doch ich brauche zum »Zurechtmachen« längst nicht mehr so viel Zeit wie früher. Es ist der eitel-kritische Blick, der fehlt und mich nun nicht mehr stundenlang aufhält. Wenn ich mich allmorgendlich nach dem Duschen eincreme und pflege, so geschieht dies nicht mehr aus übertriebener Eitelkeit heraus, sondern vielmehr aus Selbstliebe und Sorgsamkeit für meinen Körper.

Ich sehe mich als Dreizehnjährige. Wie sehr hatte ich mir damals Brüste herbeigesehnt. Ich war ganz neidisch auf meine kaum ein Jahr ältere Schwester, als sie ihre ersten niedlichen Rundungen bekam. Ungeduldig wartete ich auf die meinen, löcherte häufig meine Eltern mit der Frage, ob ich denn überhaupt noch welche bekäme, und als ich dann die erste kleine Knospe zu spüren vermochte, war ich überglücklich, fühlte ich immer wieder, sogar während des Schulunterrichtes, ob diese kleine Erhebung nicht doch ein Versehen war.

Nein, sie war keins, und ich bekam wunderschöne Brüste.

Ich fühle noch wie meine Babys mit ihren warmen, zarten Gesichtchen an meinen Brüsten lagen und an ihnen nuckelten. Ich werde nie vergessen wie es war, wenn die Milch einschoss und wenn ich möchte, kann ich das heute noch spüren.

Dass ich keine Brüste mehr habe, macht mich nicht unglücklich. Ich vermisse sie manchmal und bin dann auch traurig, denn ich hatte sie gern gehabt. Zuweilen, wenn ich Frauen mit »allen« Rundungen sehe, wünsche ich, dass auch ich sie noch hätte.

Ich finde mich aber trotzdem schön, mit meinen symmetrisch verlaufenden, gut verheilten Narben rechts und links auf meinem Oberkörper. Sicherlich ist dies auch auf die gute Arbeit des Chirurgen zurückzuführen. Ich bin zierlich gebaut und mein Körper ist jetzt halt eher knabenhaft, doch »entweiblicht« fühle ich mich dadurch keineswegs. Auch mein Mann findet mich noch durchaus sexy und wir haben keine Probleme uns »zu lieben«.

Brustprothesen trage ich nicht, weil sie mich zum einen stören. Ich müsste sie schon ankleben, damit sie mir nicht unter das Kinn rutschen! Zum anderen wüsste ich auch nicht, für wen ich sie tragen sollte, wenn nicht für mich. Ebenfalls hege ich nicht den Gedanken, mir Silikonimplantate einsetzen zu lassen. Sie würden meine Brüste niemals ersetzen können, und meinen Körper möchte ich nicht noch zusätzlich diesen Strapazen aussetzen. Hätte ich nur eine Brust verloren, würde ich das vielleicht anders sehen.

Manchmal habe ich Angst, dass sich Ärzte, die mich operieren, nicht mehr viel Mühe beim Vernähen geben, da sie vielleicht denken, ich sei ja sowieso schon entstellt. Daher weise ich immer vor einer OP darauf hin, man möge sich bemühen, mir eine schöne Naht zu hinterlassen. Es waren bisher auch überwiegend Ärzte, die mich fragten, ob ich nicht einen Brustaufbau wünsche.

Schön sein, koste es, was es wolle, sogar unsere Gesundheit! Wie viele lassen sich Fältchen mit Collagen unterspritzen, Fett absaugen, liften, lassen sich operieren für die Schönheit. Wie viele jagen jeder Abmagerungskur hinterher und lösen sie wieder durch eine »Fressattacke« ab. Schön sein um jeden Preis, das ist wie ein Tanz auf dünnem Eis . . .

Wahre Schönheit kommt von innen und ist einfach da, wie eine Blüte, die sich auch nicht schminken muss. Weder trug ich eine Perücke, noch trage ich Brustprothesen, weder Fältchen noch irgendein Pickel können mich heute stören. Ich bin frei!

Die Bestrahlung

Dass ich auch noch bestrahlt werden sollte, erklärten mir die Ärzte erst während des dritten Chemokurses. Normalerweise ist dies nach einer Brustamputation nicht notwendig, weil man davon ausgehen kann, dass alle bösartigen Zellen entfernt wurden. Da bei mir jedoch in den Schnitträndern Krebszellen vorhanden waren, hielten es sowohl Onkologen als auch Nuklearmediziner für absolut erforderlich. Ich sollte sechs Wochen lang täglich, außer samstags und sonntags, zur Bestrahlung kommen. Also begab ich mich zu Beginn des vierten Chemokurses in die Abteilung für Nuklearmedizin, die sich im Untergeschoss der Tumorklinik befindet.

Skeptisch und mit negativen Gedanken ging ich die Treppe hinunter. Auch noch Bestrahlung! Hält mein Körper das aus, Chemo plus Bestrahlung? Verkraftet er das alles weiterhin noch so gut? Wieder soll ich neue

Ärzte, neue Schwestern kennen lernen, wieder werde ich hören müssen, welche Nebenwirkungen diese Therapie haben kann! Ich fühlte mich total überfordert und war deshalb den Ärzten gegenüber auch nicht gerade aufgeschlossen, als sie mit mir die Therapie besprachen.

Zuerst erfolgte eine sehr zeitaufwendige Bestrahlungsplanung, an der ein ganzes Team von Ärzten, Technikern und Physikern mitwirkte. Durch eine Simulation an einem Durchleuchtungsgerät wurden die Bestrahlungsfelder präzise bestimmt und dann eingezeichnet. Ich musste mich mit nacktem Oberkörper auf eine sehr harte Liege legen und die Arme über meinem Kopf verschränken. Als ich richtig platziert war, verließ die Radiologin den Raum und das Durchleuchtungsgerät fuhr kreisförmig um meinen Körper herum. Eine rote Lampe über der Türe leuchtete auf und ein schriller Summton schaltete sich ein. Der Tisch, auf dem ich lag, bewegte sich nach oben, unten und seitwärts. Das fand ich alles sehr unheimlich, je länger es dauerte. Ich kann mich noch erinnern, dass ich zu einem gewissen Zeitpunkt von der Liege springen wollte, da ich glaubte, man habe mich vergessen und ich würde die ganze Zeit durchleuchtet. Das war natürlich nicht der Fall. Es ist wichtig, dass sich das gesamte Personal die für einen optimalen Bestrahlungsplan erforderliche Zeit nimmt. Nach der Ausrichtung der Strahlungsfelder (bei mir waren es drei an der Zahl) wurden auf meiner Haut mit waschechter Farbe die Felder zum Wiederauffinden markiert. Zum Schluss sah mein Oberkörper aus wie ein Linienplan der U-Bahn.

Diese ganze Prozedur dauerte über eine Stunde. Ich fror erbärmlich auf dieser kalten Liege und meine Hände waren nach einer Weile so taub, dass ich Angst hatte, sie würden meine Arme, die sie über meinem Kopf festhalten mussten, loslassen. Ich durfte mich jedoch keinesfalls bewegen! Es war wirklich eine Tortur! Danach ging es an die Feinplanung. Per Computertomographie wurden Schichtaufnahmen meines Brustkorbes durchgeführt, um die Bestrahlungstiefe und -größe zu bestimmen.

Als ich fix und fertig zu Hause ankam, klingelte das Telefon und meine Freundin »musste« mir erzählen, dass es ihrer Bekannten, die zu der Zeit wegen Brustkrebs bestrahlt wurde, ziemlich schlecht ging, sie sei »total verbrannt« und müsse die Behandlung wohl abbrechen. Das war zu viel, ich fing an zu weinen und wollte nicht mehr. Keinen »Maggi«-ähnlichen Geschmack, keine wunde Mundschleimhaut, keine Magenschmerzen, keine Glatze, keine Chemo, keine Bestrahlung –

auch keine Meditationen, keine Atemübungen und keinen inneren Ratgeber. Ich wollte, dass alles wieder so war wie früher!!! Einen Augenblick lang stürzte alles in mir zusammen.

Die Kinder schliefen bereits und mein Mann lag auch schon im Bett. Ich ging schluchzend zu ihm hin. Eine lange Zeit hielten wir uns in den Armen. Bevor ich einschlief sagte ich ihm noch: »Mir geht es jetzt wieder besser und morgen wird alles wieder gut sein.«

Mein Mann hatte mir eine Art Rosenkranz mit zwanzig Knoten gebastelt. Diese einzeln abzählend, sagte ich mir fast jeden Morgen und jeden Abend zwanzig mal ein und denselben Satz auf: »Es geht mir mit jedem Tag in jeder Hinsicht immer besser und besser.« Mit geschlossenen Augen sprach ich nur so laut, dass ich meine eigenen Worte soeben hören konnte. Ich wiederholte diesen Satz ohne jegliche Anstrengung und Nachdruck, auch an diesem Abend. Laut Emil Coué gelangt eine solche Suggestion über das Ohr in das Unterbewusstsein, wo sie dann zu wirken beginnt. Während man diesen Satz immer wieder aufsagt, soll man an nichts Besonderes denken, weder an Probleme noch an Krankheit, sondern nur den einen Wunsch hegen, dass alles zum Besten werde. Der Wille ist dabei auszuschalten, nur der Wunsch und die

Vorstellungskraft sind von Bedeutung. In seinem Buch »Die Selbstbemeisterung durch bewusste Autosuggestion« rät Coué: »Man befolge sein Leben lang diese Methode, die eben so sehr vorbeugend wie heilend wirkt.«

Am darauffolgenden Morgen ging es mir gut und ich war fröhlich gestimmt. Nach dem Frühstück bestellte ich mir ein Taxi für die Fahrt zur Tumorklinik. Ich sollte meine erste Bestrahlung bekommen, und wieder musste ich mich entscheiden. Glaubt man, dass etwas nicht gelingen wird, schließt man die Türe zum Erfolg sozusagen mit Nachdruck. Mir fielen die Worte von Anthony Robins ein, dass wir jederzeit die Wahl haben, uns positiv zu programmieren. Wenn wir erkennen, dass jedem Gefühl, jeder Handlung ein Gedanke vorausgeht, können wir uns bewusst steuern. Unvermeidbare Dinge sollten wir zunächst annehmen, so, wie sie sind, und dann mit unserer Intelligenz das Beste daraus machen. Die Bestrahlung war lebensnotwendig. Sie musste sein! Jetzt hatte ich die Wahl: Lasse ich das alles mehr oder weniger über mich ergehen, ich armes Opfer meines Schicksals, oder nehme ich mein Schicksal selbst in die Hand und mache mir auch die Bestrahlung zum Freund? Ich entschied mich für Letzteres.

Als ich auf dem Tisch lag – er war ziemlich schmal und kalt – die Röhren auf die eingezeichneten Bestrahlungsfelder ausgerichtet wurden, die Schwester hinausging, die schwere Tür zufiel und ich dann allein war mit dem lauten Summen der Geräte, sprach ich mit meinem Körper, er möge alle gesunden Zellen schützen, und ich malte mir aus, wie »gutmeinende Sonnenstrahlen« meine Krebszellen zum Schmelzen brachten. Wohlauf sah ich mich und auch mit dieser »Sonne« das Leben genießen. Der Bestrahlungsraum wurde zu einer kleinen »Oase«. Ich hatte keine Angst!

Natürlich gibt es Ereignisse, denen wir ohnmächtig gegenüberstehen. Damals, nach der Diagnose Krebs, bin ich zunächst tief gefallen. Als ich aber wieder Boden spürte, entschied ich mich für das Leben. Ich glaube, dass es in solchen Extremsituationen kein Patentrezept für Sofortmaßnahmen gibt. Wichtig ist, dass man sich wieder zum Leben hinwendet und es weiterhin lebt, denn es ist so wertvoll und einzig.

Die Vormittage der nächsten Wochen wurden also für die Bestrahlung verplant. Ich fragte »meinen« Taxifahrer, Herrn Rotte, ob er mich täglich fahren wolle. Er war einverstanden.

Aber Herr Rotte fuhr mich nicht nur zur Tumorklinik hin, sondern auch wieder zurück nach Hause. So konnte ich mich während der

Fahrten entspannen und musste nicht, wie bei wechselnden Fahrern, immer wieder neue Wegbeschreibungen abgeben. Häufig führten wir interessante und lustige Gespräche.

Nach einer Woche – es war Sommer – begannen die Schulferien und Lionel, mein Ältester wollte uns begleiten. Wir hatten eine grandiose Idee. Während ich die »Oase« besuchte, könnten Herr Rotte und Lionel im Klinik-Café auf mich warten. Als ich von der Bestrahlung zurückkam, saßen beide in der Sonne. Es war ein wunderschöner Tag, ich gesellte mich zu ihnen und trank eine kühle Cola.

»Ganz wie in Spanien ist es hier, und mit ein bisschen Phantasie könnte das Brummen der Autos das Rauschen der Wellen sein«, schwärmte ich. Lionel war von dem Ausflug begeistert und erzählte sofort Sebastian, meinem Mittleren, wie toll alles gewesen war. Daraufhin wollte natürlich am nächsten Tag Sebastian mit uns fahren. Herr Rotte war superb und übernahm fünf Wochen lang jeden Morgen die Betreuung eines meiner Kinder im Klinikgelände. Meine Kinder schwärmen heute noch von ihm und erinnern sich gerne an diese Zeit.

Alles war so gekommen, wie ich es mir vorgestellt hatte. Mir ging es die ganzen sechs Wochen lang den Umständen entsprechend

»gut«. Ich hatte keinerlei Verbrennungen, nicht einmal gerötete Haut, verspürte keine bleierne Müdigkeit und mir wurde auch nie übel. Eine riesige Freude bereitete mir auch die erste, nach sechs Wochen wieder erlaubte Dusche.

Ist unser Körper nicht wie ein Garten, dessen Gärtner unser Geist ist?

Urlaub

Mitte Juli war alles vorbei! Der letzte Chemokurs lag zwei Wochen, die letzte Bestrahlung einen Tag hinter mir. Vier vollgepackte Koffer standen in der Diele und drei Kinder warteten ungeduldig auf den Startschuss. Wir fuhren in den Urlaub – nach Holland an die Nordsee! Strand, Meer, Sonne und die ganze Familie zusammen, drei Wochen lang! Das war für mich wie Weihnachten, Ostern und Geburtstag an einem Tag – einfach herrlich! Von Tag zu Tag fühlte ich mich besser. Der »Maggi« ähnliche Geschmack verschwand und Magenschmerzen wie auch viele andere durch die Therapie hervorgerufene Symptome gingen vorüber. Wie ich schon einmal erwähnt habe, stahlen die Nebenwirkungen nie meine Lebensfreude, aber den Unterschied merkte ich doch, wie sich Leben anfühlte ohne Chemo und Bestrahlung, eben noch viel, viel schöner. Nur kalt war es mir recht häufig, und da es in Holland meistens kräftig windet, musste ich vor allem meinen Kopf schützen. Das war gar nicht so einfach, denn alle Hüte und Cappies wollten mit dem Wind davonfliegen.

Wir mieteten uns Fahrräder und machten jeden Tag kleine Touren. Ganz besonders schön waren unsere Abenteuerrouten durch die Dünen, und wenn sich abends der Himmel rötlich färbte, eine dicke rote Sonne das Meer »küsste«, machten wir an einem Strandaufgang halt und verweilten so lange, bis sie untergegangen war. Wie sehr ich sie doch liebte, jene Augenblicke. Zuweilen war ich so überwältigt von diesem Naturereignis, dass ich daran denken musste, welch kleine Lichter wir Menschen doch sind, jedes sich so wichtig nehmend und doch so »unbedeutend« ist in diesem unendlich großen Universum.

Häufig pausierten wir über Mittag in einem der vielen Strandhäuschen. Unsere Kinder aßen holländische Pommes, tranken »Seven Up«, schleckten Eis – sie waren natürlich von dieser »Küche«, die normalerweise nicht auf unserem Speiseplan steht, hellauf begeistert – während mein Mann und ich erzählend oder schweigend den Augenblick genossen.

Am Wasser entlang laufen, Muscheln sammeln, einer Welle »entkommen«, sich gegenseitig nass spritzen, einen Drachen steigen lassen oder ganz einfach das Rauschen der

Wellen hören, das Salz in der Luft auf den Lippen spüren, die Weite des Horizonts betrachten... viele schöne Momente füllten unseren Urlaub.

Aber es hat auch Situationen gegeben, da wurde ich todtraurig. Meistens dann, wenn ich mittendrin stand – überglücklich – in einem regen, lebendigen Treiben. Ganz plötzlich, von einer Sekunde zur anderen fühlte ich mich vom Leben ausgegrenzt, sah ich das »um mich herum« wie ein Zuschauer einen Film, allein und traurig. Kinder bauten Burgen, spielten Fußball mit ihren Vätern, planschten im Wasser, Mütter cremten sie ein, lachten... So viele junge Familien waren am Strand – so wie wir – nein, nicht ganz so, die meisten waren doch sicherlich gesund!

Einmal, als ich im Toilettenhäuschen in den Spiegel schaute und das Gesicht einer jungen Mutter wahrnahm, die neben mir gerade ihren Kindern die Hände wusch, und ich dann meines sah, blass, ohne Haare und Augenbrauen, meine lebensbedrohliche Erkrankung widerspiegelnd, fing ich an zu weinen. So grenzenlos meine Freude sein konnte, so unendlich war manchmal meine Traurigkeit.

Mit Tränen in den Augen ging ich wieder zu meiner Familie. Doch wollte ich nicht mehr traurig sein, ich wehrte mich gegen dieses Gefühl, alles war doch so schön: der Himmel tiefblau mit scheinbar endlos vielen Drachen, die ihre Purzelbäume schlugen; die Sonne angenehm warm, weil der leichte Wind die Hitze wegpustete; der Sand unter den Füßen fühlte sich wohlig an. War das nicht alles wie in einem Paradies? Ich setzte mich in den Sand und bat Tom um Rat. Er sagte mir, dass solche Situationen noch häufig auf mich zukommen würden, dass ich aber immer die Wahl hätte, mich zu entscheiden, für die eine oder die andere Seite des Gefühls. Er gab mir den Tipp, eine »Bestandsaufnahme« vom Hier und Jetzt zu machen und diese sah folgendermaßen aus:

Jetzt, in diesem Augenblick geht es mir gut.

Ich habe keine Schmerzen.
Die Chemo ist vorüber, die Bestrahlung auch.
Alles habe ich gut überstanden.
Ich lebe.
Vielleicht bin ich sogar gesund.
Was morgen ist, das weiß ich nicht.
Genau so wenig wie die Menschen hier am Strand.

Ich sehe, ich höre, ich rieche, ich schmecke, ich fühle jetzt!!! Wieder hatte ich mich entschieden – für das Leben. Mir ging es besser.

Wie dicht sie nebeneinander liegen, die Freude und die Traurigkeit.

Auch heute achte ich darauf, dass das Gefühl der Traurigkeit nicht zu lange währt und vertreibe es bewusst durch meine Gedanken, falls es nicht von alleine weggeht. Häufig hilft mir auch »nur« eine Änderung meiner Körperhaltung oder Atmung.

Gut erholt und glücklich ging es nach drei Wochen heim. Unsere Kinder sahen so richtig »proper« aus mit ihren durch die Sonne strohblond gebleichten Haaren und braunroten Bäckchen. Auch ich hatte inzwischen einige Millimeter lange blonde Härchen und freute mich.

Zurück in den Alltag

Wer bin ich und was möchte ich jetzt, da alles erst einmal vorüber ist und ich wieder viel Zeit habe? Soll ich wieder arbeiten gehen und das Buch der Geschichte einer jungen Mutter, die eine Chemo- und Strahlentherapie gut überstanden hatte, zuschlagen? So tun, als wäre das alles nicht gewesen, oder doch geschehen, aber vorbei, verweht, nie wieder?

Meine Arbeitskollegen riefen mich an und warteten auf mein Wiederkommen. Sie luden mich zum Essen ein und fragten, wann ich wieder »starten« würde. Wollte ich denn überhaupt wieder arbeiten gehen, mir diesen Stress antun, jeden Morgen fit im Job zu sein und anschließend fit zu Hause? Brauchte ich denn diese Bestätigung durch den Job noch? Würde ich vielleicht durch die Ablenkung weniger Angst vor Metastasen haben? Sollte ich vielleicht auch aufhören zu meditieren und wieder ganz und gar zurück in mein früheres

Leben kehren? Würde das überhaupt funktionieren oder würde ich mich verleugnen.

All diese Gedanken kreisen in meinem Kopf und ich hätte am liebsten auf alle Fragen sofort eine Antwort gewusst. Es gab auch jemanden, der mir half, den richtigen Weg zu gehen, wenn er auch sehr lang und manchmal mühselig war – nämlich Tom. Er meldete sich immer im richtigen Augenblick. Er fragte mich beispielsweise:

»Wie fühlst du dich denn körperlich? Bist du denn wirklich so fit, dass du wieder arbeiten möchtest? Wäre es nicht besser, du genießt deine freie Zeit, die du morgens hast. Du schläfst doch so schlecht, und dann willst du dich diesem zusätzlichen Stress aussetzen? Du hast doch wirklich genug mit deinen drei Kindern zu tun, oder? Und von dem Gehalt, das weißt du, bleibt für dich nichts übrig. Das wäre also nur für dein Ego! Und das brauchst du noch – oder wieder?! Außerdem darfst du nicht aufhören zu meditieren, denn nur so machst du deinen Schlafmangel wieder wett. Und was ist mit mir, willst du mich etwa wieder verlassen? Denk an deinen ›Garten‹!«

Ich wusste, dass Tom Recht hatte. Ich war wirklich sehr häufig morgens müde. Zudem hatte ich immer noch, auch wenn die Chemotherapie bereits zwei Monate zurücklag, sehr wenige Leukozyten und musste aufpassen, nicht krank zu werden. Auch war mein rechter Arm nicht in Ordnung. Es hatten sich ganz viele, schmerzhafte, strohhalmdicke Lymphstränge gebildet, und ich musste zur Lymphdrainage.

Tom riet mir, zweigleisig zu fahren. Um mir nicht gleich die Türe zu verschließen, teilte ich meinem Arbeitgeber und den Kollegen mit, dass ich noch etwas Zeit benötigte, um mich zu erholen. Man gab mir so viel Zeit wie ich wollte. Da fiel aller Druck von mir ab. Es war wunderbar. Ich konnte erst einmal leben, ohne mich sofort entscheiden zu müssen.

Ich führte meine Meditationen fort und sprach viel mit Tom. Täglich merkte ich, wie viel Ruhe ich doch brauchte. Ruhe für den Geist, das Jetzt genießen zu können; Ruhe, um Ängste und Traurigkeit zu verarbeiten, die einfach häufig da waren und beachtet werden wollten; Ruhe für meinen Körper, der sich häufig meldete und bewusste Aufmerksamkeit verlangte. Mit der Zeit wusste ich, dass ich das Buch nicht zuschlagen und ins Regal stellen würde. Ich veränderte mich.

Viele meiner Familienangehörigen hätten wohl lieber gehabt, das Buch stünde im Regal. Mein Vater sagte und sagt auch heute immer noch: »Du hattest Krebs, das ist jetzt vorbei, du kriegst keinen mehr und kannst jetzt alles abhaken.« Ich verstehe seine Reaktion, sie ist allzu verständlich, es ist seine Art, meine Erkrankung zu verarbeiten, und das ist o. k.

Während der Chemo- und Strahlentherapie lebte ich eher zurückgezogen mit meinem Mann und meinen Kindern. Ich musste mich auf das Wesentliche konzentrieren und hatte daher nicht häufig die Gelegenheit, mit der »Außenwelt« zu kommunizieren, was ich aber auch nicht vermisste. Alle wussten, ich bekam Chemo und mir ging es gut. Und irgendwie hatten sich alle daran gewöhnt, dass ich ohne Wehklage und viel Gerede durch diese Zeit ging. Um so mehr waren wohl viele überrascht, dass ich nach der Therapie ein unglaubliches Mitteilungsbedürfnis entwickelte. Über mein neues Leben, meine Ängste und Sorgen wollte ich mit meiner Familie sprechen. Wir haben einen sehr engen Kontakt untereinander und zu feierlichen Anlässen treffen wir uns immer. Doch merkte ich bald, dass ich vielen auf die Nerven ging. Mein Schwager meinte dann am Heiligen Abend, er wolle und könne nichts mehr über Krebs, wenige Leukozyten, Meditationen und so weiter hören, mein Mann stimmte ihm auch noch zu: Ich müsse nicht immer im Mittelpunkt stehen mit meinem Krebs, man wolle auch mal wieder über andere Themen sprechen. Ich fühlte mich ziemlich »beschissen« und glaubte mich im falschen Film. Die hatten ja schließlich keinen Krebs! Ich spürte, wie sehr ich doch von der »Normalität« ausgegrenzt war, wollten »Gesunde« doch viel lieber über Aktien oder Shakespeare reden und über Witze lachen. Danach stand mir aber überhaupt nicht der Hut.

Gerade zur rechten Zeit bekam ich kurz nach Weihnachten eine Aufforderung von der Krankenkasse, zur Feststellung einer eventuellen Erwerbsunfähigkeit eine Rehabilitationsmaßnahme durchzuführen. Aus der Kur wurde zwar ein »Flop«, denn ich bekam nach drei Wochen einen derart schlimmen Infekt, dass ich im Krankenhaus landete, aber ich hatte dort viele junge Menschen kennen gelernt, denen es genau so erging wie mir. Wir teilten alle das gleiche Schicksal. Wir hatten Krebs und wollten leben. So redeten wir darüber, wann immer uns danach war, manchmal bis spät in die Abendstunden. Nach zwei Wochen sahen wir schon Tumore in der Suppe ... und wir lachten. Wir lachten viel und verbrachten eine sehr schöne Zeit miteinander. Noch nie in meinem Leben hatte ich so viele reizende Menschen kennen gelernt, wie in diesem Haus. Es war Liebe, die uns alle verband, Liebe zum Leben.

Und noch eine wichtige Erfahrung sollte ich in dieser Kur machen. Wir wohnten in einem wunderschönen, restaurierten Schloss, in dessen Speisesaal ein altes Klavier stand. Wenn abends alle gegangen waren und ich allein war, dann spielte ich darauf. Eines Tages hingen überall Plakate an den Wänden und »Flugblätter« lagen auf allen Tischen, es hieß: »Pianistin Annette Rexrodt von Fircks gibt einen Konzertabend...« Und das schon am nächsten Tag! Ich fiel aus allen Wolken. Ein nettes Ehepaar hatte mir diesen Streich gespielt. Sie hatten mein Spielen gehört und meinten, dass andere auch in den Genuss kommen sollten. Ich wollte erst absagen. Ohne Noten einen Klavierabend geben? Die ganze Zeit auswendig spielen? Ich spiele ja gerne nach Gefühl, aber sobald ich Zuhörer habe, verlasse ich mich lieber auf meine Noten. Schnell sprach sich herum, dass ich Klavier spiele, und alle wollten ein kleines Konzert. So wurde am nächsten Tag ein Klavierstimmer herbeigeholt und dann, am Abend, öffneten sich feierlich im Kerzenlicht die großen Türen zum Speisesaal des Schlosses. Es kamen so viele Gäste, dass gar nicht genug Stühle vorhanden waren. Anscheinend hatte sich dieses »Event« auch im Ort herumgesprochen. Als alle erwartungsvoll dasaßen und ich die vielen Gesichter sah, die mich anlächelten, verlor ich plötzlich meine Angst, mich zu verspielen oder nicht gut genug zu sein. Mich überflutete eine riesige Welle von zärtlichen Gefühlen für uns alle, die wir in diesem Raum waren. So begann ich zu spielen, nicht um mich beweisen zu müssen, sondern einfach der Klänge wegen, und mein Spielen wurde zu Musik. Natürlich habe ich mich auch mal verspielt, aber das störte weder mich noch die Zuhörer. Wir waren alle in einem Boot und hörten Musik, ohne sie zu bewerten. Im Laufe des Abends bildeten sich viele kleine Gesprächsgruppen, wir plauderten bis spät in die Morgenstunden. Es war ein für uns alle unvergesslicher Abend.

Wieder zu Hause merkte ich, dass ich ein riesiges Stück weitergekommen war. Ich hegte z. B. nicht mehr den Gedanken, wieder arbeiten zu gehen. Mir war in der Kur klar geworden, wie viel Fürsorglichkeit mein Körper doch brauchte. Ich hatte kein Bedürfnis mehr, ständig mit meinen Freunden oder meiner Familie über meine Erkrankung zu sprechen. Vielmehr suchte ich Rat bei den Ärzten.

Ein dreiviertel Jahr nach der Chemo hatte ich noch immer viel zu wenig Leukozyten. Mein Immunsystem war so schlecht wie das eines Aidskranken. Mindestens fünf mal wurde ein HIV-Test durchgeführt. Mein Blut wurde sogar zur Untersuchung nach Berlin geschickt, dort sollte gentechnisch nach HIV gesucht werden – alle Tests waren negativ. Eine Knochenmarksstanze stand an, sie sollte

Aufschluss geben – aber es kam nichts dabei heraus. Letztendlich vermutete man, dass die Leukopenie sowie die Immunschwäche auf die starke Chemo- und Strahlentherapie zurückzuführen seien. Da meine Kinder sehr häufig Infektionen hatten (eines war eigentlich immer krank) musste ich mich vor Ansteckungen hüten. Angst, ebenfalls krank zu werden, hatte ich allerdings nicht, genauso wenig wie zu der Zeit der Chemotherapie. Ich drückte und streichelte meine Kinder, auch wenn sie Schnupfen, Husten oder Durchfall hatten. Es gab dann eben nur weniger Küsschen. Wahrscheinlich siegt die Liebe über Viren und Bakterien, denn von meinen Kindern steckte ich mich nur selten an. Jeden Tag sprach ich mit meinen Helfer- und Killerzellen, sie mögen wachsam sein und besonders gut arbeiten, alle bösartigen Zellen aufsuchen und auflösen. Und jeden Abend bedankte ich mich bei ihnen, dass so wenige an der Zahl so viel schafften! Auch mit den Krebszellen sprach ich, denn ich glaube, dass der Körper nie ganz frei von diesen Zellen ist. Sie mögen klug sein und sich wieder zu normalen Zellen zurückbilden. Ich sagte ihnen immer wieder, dass es für sie den Tod bedeutete, wollten sie unsterblich werden. Diese Gespräche führe ich übrigens auch heute noch fast täglich mit meinen Zellen.

»Sie müssen kämpfen, denken Sie doch an Ihre Kinder!«, diesen Satz bekomme ich immer wieder zu hören.

Kämpfen? Um mein Leben? Kämpfen gegen meine eigenen Zellen? Nein, das tue ich nicht! Ein Kampf ist mit viel zu vielen Verlusten verbunden, macht müde und schwächt. Habe ich überhaupt noch Lebensqualität, wenn ich kämpfe? Ich hoffe, dass ich durch meine Freude und Liebe am Leben gemeinsam mit den Ärzten und der modernen Medizin noch lange leben werde. Ein Kampf hatte doch in meinem Körper sicherlich schon durch die Chemo- und Strahlentherapie stattgefunden. Ein geistiger Kampf kann eigentlich nur noch stressen! Und den gedankenlosen Spruch, dass ich an meine Kinder denken soll, finde ich schlicht und ergreifend unmöglich. Diese Menschen können sich wohl nicht vorstellen, was unendliche Traurigkeit ist. Ich erlebe sie hin und wieder, wenn ich mit meinen Kindern zusammen bin. Unangemeldet überkommt sie mich, von einer Minute zur anderen, wenn wir versunken sind im Spiel, beim Kuscheln oder Geschichten erzählen ... ganz plötzlich will ich sie halten – meine Kinder – halten, halten und nie mehr loslassen. Manchmal wische ich mir schnell die Tränen weg.

Ich muss nicht um mein Leben wegen der Kinder kämpfen. Ich liebe sie!!!

Viele Krebspatienten sagen nach einer Chemotherapie ganz entschieden, sie hätten keine einzige Krebszelle mehr und würden auch nie mehr eine bekommen. Sie führen ihr früheres Leben weiter und tun so, als wäre nichts gewesen. Ich hatte mir nach der Chemo auch zunächst überlegt, ob diese Einstellung für mich in Frage käme, doch gelangte ich zu dem Entschluss, dass sie für mich viel zu endgültig wäre. Ich könnte das Wissen einer möglichen Metastasierung wohl niemals so verdrängen, dass es mich nicht doch einholen und dann seelisch zerfressen würde. Und wie müsste ich mich fühlen, sollte ich irgendwann Metastasen bekommen, wie groß wären dann meine Enttäuschung und meine Wut? Würde ich dann noch Wege finden können, wieder gesund zu werden? Ich kommuniziere lieber mit meinen Zellen, eben auch mit den bösartigen. Ich brauche nichts zu verleugnen oder zu verdrängen und lebe mein Leben in Wahrheit. Das macht mich frei und auch gewissermaßen unbeschwert. Ich akzeptiere, dass ich Krebs hatte und ich weiß auch, dass ich wieder daran erkranken kann, obwohl ich mir »DAS« nicht bildhaft vorstelle...

Gleichwohl hat dieses Wissen viele gute

Seiten. Es ist ein steter Antreiber, mich immer wieder für das Leben zu entscheiden, nämlich für die lebendige, glückliche Seite des Lebens. Schon morgens habe ich die Wahl, mit einem glücklichen oder einem vielleicht unzufriedenen oder gleichgültigen Gefühl aufzustehen. Um die Einmaligkeit dieses Ereignisses wissend, denn es ist ja nicht selbstverständlich, dass ich allmorgendlich erwache, schon gar nicht ohne Schmerzen, freue ich mich und genieße diese erste Zeit des Tages. Es ist der Augenblick, der unendlich wird, erlebt man ihn bewusst. Früher war ich mit meinen Gedanken selten im Jetzt, meistens eilten sie voraus, Stunden, Tage, Wochen ... Putzte ich mir die Zähne, dachte ich ans Frühstück machen, duschte ich, so war ich schon bei der Arbeit, frühstückend »aß« ich bereits mein Mittagessen, und häufig, wenn die Kinder mir Fragen stellten oder mir etwas erzählen wollten, fühlte ich mich genervt, weil sie meine »Zukunftsplanung« störten. Das nenne ich übrigens Zeitverschwendung. Wie furchtbar, hätte ich so weiter gelebt!

Heute putze ich meine Zähne ganz bewusst, jeden Zahn einzeln; heute genieße ich die Dusche, das angenehme Prickeln auf meiner Haut; und am Frühstückstisch plaudere ich mit meinen Kindern und schmecke mein Brötchen. Ich habe gemerkt, dass mir alles viel besser gelingt, bis hin zu den Pfannkuchen, die plötzlich – so loben mich meine Kinder – viel leckerer geworden sind.

Im Gegensatz zu früher liebe ich es, wenn ich Zeit für mich habe, ich liebe es, auch mal allein im Haus zu sein, mich um die Pflanzen im Haus und Garten zu kümmern, die prächtig gedeihen. Ich spiele wieder Klavier, male und fotografiere. All die vielen Dinge, die früher mein Leben bereicherten, entdecke ich wieder. Ich merke, dass ich mit wacheren Augen den Tag erlebe und dass dadurch neue Freundschaften entstehen. Liebe erfahre ich von Menschen, denen ich begegne und viele Beziehungen vertiefen sich. Das liegt wohl auch daran, dass ich nicht mehr so übertrieben kritisch bin, ich bewerte nicht mehr so sehr mein Verhalten oder Tun und auch nicht das der anderen. Durch die mit der Zeit erlernte, gesunde Selbstliebe bin ich frei und kann ich geben. Mir ist jetzt – im gesunden Maße – völlig egal, was andere über mich denken, und ich habe nicht mehr das übertriebene Verlangen, anderen zu gefallen. Auch verletzen lasse ich mich nicht mehr. So wie ich meine Kinder beschütze, beschütze ich mich selbst. Klopft jemand an meine Türe und will mir »Böses«, dann knalle ich sie zu, auch wenn der große Zeh dieser Person dazwischen steckt.

Immer mehr Freude breitet sich in meinem Leben aus, und mein Garten ist ein Paradies geworden, ohne dass ich sterben musste.

Nachuntersuchungen

Ich habe ja schon von Conny erzählt. Mit ihr teilte ich das Zimmer während meines zweiten Chemokurses. Auch Conny hat ein Buch geschrieben, das bereits verlegt wurde (siehe Literaturhinweis) und ich sehr zu lesen empfehle. Häufig telefonieren wir miteinander, schmieden Pläne für weitere Bücher, die wir noch schreiben möchten und manchmal besuchen wir uns. Hören wir eine längere Zeit nichts voneinander, hat der eine Angst, den anderen anzurufen. Ist vielleicht etwas passiert, vielleicht ein Rückfall? Dieser Gedanke ist wohl immer im Hinterstübchen. Zu viele unserer Bekannten sind bereits gestorben. Einer von uns beiden fasst dann aber Mut und ruft an …

Zu unseren Nachsorgeuntersuchungen treffen wir uns alle drei Monate im Tumorzentrum. Mit Brötchen, Säften und anderen Leckereien, die wir mitbringen, sitzen wir dann jedes mal im Aufenthaltsraum vor einem fürstlichen Frühstück und kriegen nichts runter. Schweigsam schauen wir uns an und verstehen. Es ist ein hörbares Schweigen, das lauter ist als der Lärm einer Baustelle. Beide haben wir Angst, nicht vor den Untersuchungen, sondern vor den Ergebnissen. Ein eigenartiges, beklemmendes Gefühl umgibt uns, geschürt durch das Umfeld – die Krebsstation.

Wie viele Schicksale verbergen sich in einer Tumorklinik! So viel Elend und Traurigkeit ist direkt vor unserer Haustüre. Man muss nicht erst die Nachrichten hören, um das Leid auf dieser Erde zu erfahren, es ist direkt nebenan, fast unser Nachbar. Manche Male, wenn ich von der Chemo zurück nach Hause kam, weinte ich, konnte ich es einfach nicht mehr ertragen, an dem Schicksal so vieler Menschen teilzuhaben, der Menschen, mit denen ich ein Zimmer teilte, der Menschen, die ich im Aufenthaltsraum kennen lernte, der Menschen, die ich vor den Untersuchungsräumen oder im Fahrstuhl traf. Manche Male verlor ich den Mut und fragte meinen Mann, wofür ich das alles mache. Die meisten Frauen mit Brustkrebs wurden wegen eines Rezidivs in der Tumorklinik behandelt. Rezidiv nach zwei Jahren, nach vier Jahren, nach einem Jahr, nach fünf Jahren ... Einige hatten nur einen ganz kleinen Primärtumor, keine Lymphknoten befallen, oder nur einen und bekamen schon nach zwei Jahren ein Rezidiv. Und viele starben, darunter auch ganz junge, auch mit kleinen Kindern …

›Und ich – mit einem riesigen Primärtumor und mehreren befallenen Lymphknoten – wie sieht mein Morgen aus?‹, fragte ich mich manchmal. In solchen Situationen, in denen mir alles hoffnungslos erschien, half es mir zu weinen. Ich weinte so lange, bis ich mich wieder besser fühlte, dann sagte ich mir immer wieder, dass ich nicht die anderen bin. Jeder ist einzigartig und hat eine einzigartige Chance. Außerdem musste ich mir immer wieder vor Augen führen, was mein Vater mir sagte, nämlich dass die Tumorklinik eine Art »Ballungszentrum« für »Rezidivpatienten« ist, ähnlich wie etwa spezialisierte gynäkologische Praxen für Risikoschwangerschaften. Besucht man diese, bekommt man schnell den Eindruck, als gäbe es keine normal verlaufenden Schwangerschaften mehr. So bekommt man in der Tumorklinik den Eindruck, dass Brustkrebs fast immer zum baldigen Tode führen muss. Dabei leben viele über Jahre mit der Erkrankung. Sie genesen sogar – nur hören wir nichts von ihnen, denn sie brauchen die Tumorklinik ja nicht mehr!

Mit einem Kloß im Hals und einem zugeschnürten, fast leeren Magen gehen Conny und ich gemeinsam durch die Untersuchungen. Zuerst erfolgt die Blutabnahme, die immer ziemlich üppig ausfällt. Zahlreiche mit Blut gefüllte Röhrchen landen schließlich in einer Chrom-Schale. Dann werden wir gewogen und jeder erhält einen Schein mit den weiteren bevorstehenden Untersuchungen: EKG, oft Röntgen der Lunge, immer Sonographie der Bauchorgane, vor allem der Leber, und Abtasten der Lymphknoten. Danach dürfen wir auf »unser« Zimmer – wenn es möglich ist, dass wir uns eins teilen – und warten auf die Visite. Meistens wissen wir dann schon, ob alles in Ordnung ist, sind erleichtert und werden gesprächiger. Fast immer malen wir uns aus, wie Tumorkliniken sein müssten: die Zimmer natürlich mit Toilette und Bad, hell und freundlich wie der gesamte Komplex, geschmückt mit Bildern und zahlreichen Pflanzen. In jedem Zimmer eine Musikanlage sowie einen Fernseher, die unterschiedlichsten Videos stünden dem Patienten zur Auswahl. Zahlreiche Therapieangebote wie Progressive Muskelentspannung, Meditationen, Musik- und Malkurse, Gruppengespräche ... sollten das Leben in der Klinik erleichtern.

Dann geht plötzlich die Tür auf – die Visite ...

Wir bekommen grünes Licht und dürfen nach Hause, vereinbaren vorher aber noch einen gemeinsamen Termin für die nächste Nachuntersuchung. Die Ergebnisse unserer Blutuntersuchung können wir drei oder vier Tage später telefonisch erfragen.

Die ersten Male war ich ziemlich nervös, da ich den Werten, vor allem dem meiner Tumormarker, sehr viel Beachtung schenkte. Tumormarker sind Blutwerte, die spezielle Anhaltspunkte für eine Tumoraktivität geben können. Bei mir wird immer der CEA-Wert (er ist für Brustkrebs eigentlich unspezifisch, da er bei den verschiedensten Tumoraktivitäten anspringen kann) mit einem Normwert bis zu 5,0 ng/mg bestimmt, ebenso der für Brustkrebs spezifischere CA15-3 Wert, er sollte unter 30ng/mg liegen. Je nach Labor fallen die Normwerte unterschiedlich aus.

War ein Marker grenzwertig erhöht, wurde mir sofort mulmig. Erst später erfuhr ich, dass diese Marker schwanken können, der CEA sogar nach Tagesform. Hat man sehr wenig Flüssigkeit zu sich genommen, viel geraucht oder gerade eine Grippe überstanden, kann dieser Wert plötzlich ansteigen. Bei mir war der CEA zum Beispiel nach einer Virusinfektion um das Dreifache angestiegen und zwei Wochen später wieder völlig im Normbereich. Auch der CA 15-3 ist einmal deutlich über den Normwert hinausgeschossen. Beunruhigt ließ ich ihn ein paar Tage später nochmals bestimmen, und er lag im Normbereich. Ein anderes Mal wurden durch ein Versehen die gleichen Tumormarker an ein und dem selben Tag zweimal bestimmt, die Ergebnisse aber waren völlig unterschiedlich. Fazit: Über Abweichungen dieser Marker von den Normwerten zerbreche ich mir nicht mehr den Kopf. Vielmehr lasse ich sie dann kurzfristig erneut bestimmen. Interessant und richtungsweisend sind Tumormarker wohl erst, wenn sie deutlich erhöht sind und dann durch eine Therapie wieder fallen.

Auch wegen meiner wenigen Leukozyten gerate ich nicht mehr in Panik. Noch vor einigen Monaten stressten mich Werte um die 2000 unglaublich (normal ist ein Wert von 4000 – 10000), doch heute merke ich, dass ich auch mit wenigen Leukozyten leben kann. Wohl vermeide ich es, mich in volle Wartezimmer von Arztpraxen zu setzen. Ich warte dann lieber mit meinem Handy draußen oder in einem Café und lasse mich kurz anrufen, wenn ich dran bin. Ebenso suche ich zu Grippezeiten Orte mit vielen Menschen, wie Kaufhäuser, Kinos oder Busse, nicht auf.

Man sollte Laborwerten nicht die allergrößte Beachtung schenken. Wichtig ist, wie man sich fühlt. Sind die Leukos niedrig, aber man fühlt sich pudelwohl, so braucht man sicherlich nicht in Panik zu geraten; fühlt man sich krank und die Leukos sind unten, ist die Situation wiederum eine andere.

Ich kenne Menschen, deren Tumormarker erhöht sind, aber die keinen Tumor haben; ich kenne Menschen, deren Leukozyten ständig erhöht sind, die aber keinen Infekt haben und ich kenne Menschen, deren Entzündungsparameter selbst durch einen starken Infekt nicht ansteigen.

Alle Laborwerte werden anhand der durch zahlreiche Untersuchungen und Erfahrungen statistisch ermittelten Normwerte interpretiert. Doch ist jeder Mensch einzig, und so ist es möglich, nicht der Norm zu entsprechen, ohne zwangsläufig krank sein zu müssen.

Die Kinder

Meine Kinder, sind sie schnell »erwachsen« geworden? Sie kochen morgens – allerdings nur, wenn sie Lust haben – einen köstlichen »Drei-Minuten-Tee«, wunderbare, weiche »Sieben-Minuten- Eier«. Sie können Spiegeleier braten, Kuchen backen, sie kaufen sich ihre Schulhefte selber, bleiben auch für ein paar Stunden alleine im Haus, ohne dass alles drunter und drüber geht, und meine beiden Jungen fahren sogar mit dem Zug allein nach Hamburg. Dabei sind die drei erst fünf, sieben und neun Jahre alt.

Es sind meine Ängste und Sorgen, die zu solchen Vermutungen führen: zu erwachsen, zu sehr belastet, oder zu wenig eingebunden … ? Die Psychologen sind unterschiedlicher Meinung, die einen meinen, dass es am besten sei, man teile den Kindern seine Ängste und Sorgen unter allen Umständen mit, die anderen empfehlen, die Kinder damit nicht zu sehr zu belasten.

Eine der schwierigsten und schmerzhaftesten Aufgaben, die ich im Zusammenhang mit meiner Erkrankung zu bewältigen hatte, war, den goldenen Mittelweg zu finden, den Kindern nichts zu verheimlichen, ohne sie ihrer Kindheit zu berauben.

Zu Beginn des zweiten Chemokurses hatte ich sie schonend »eingeweiht«. Sie wissen heute, dass ich Brustkrebs hatte, sie wissen, dass man an Krebs sterben kann, sie wissen aber auch, dass man durch eine Grippe, eine Blinddarmentzündung oder ebenso durch einen Unfall das Leben verlieren kann.

Sie fragen mich, ob es weh getan hat, als man mir die Brüste wegoperiert hatte, ob sie auch Krebs bekommen könnten, ob ich daran wieder erkranken kann, oder ob Chemo weh tut. Manchmal stellen sie mir viele Fragen. Und ich beantworte sie ihnen immer so gut ich kann. Allerdings hinterfrage ich nicht und fange an zu bohren, ob sie traurig sind oder Angst hätten. Ich habe das Gefühl, dass sie nur eine Antwort auf jede Frage hören möchten, mehr nicht.

Neulich wollte meine kleine Tochter wissen, ob ich auch so große Brüste wie Irmchen, unsere Kinderfrau, gehabt hätte. Ich verneinte. Dann hob sie meinen Pulli hoch und sagte: »Mama, stimmt ja, du hast ja gar keine Brustwarzen mehr! Hattest du denn wirklich welche? Mama! Natürlich hattest du welche, ich habe doch von deiner Brust getrunken. Wo haben die denn die Milch hingeschüttet, als sie dir die Brust abgeschneidet haben?« Große, fragende Augen schauten mich an.

Ich musste lachen, nahm meine Tochter in den Arm und beantwortete all ihre Fragen. Schließlich wollte sie ein Foto sehen, auf dem ich sie stillte.

»Bist du traurig, dass du keine Brust mehr hast?«, fragte sie.

»Manchmal ja«, erwiderte ich. Dann hopste sie durchs Wohnzimmer und ging wieder spielen.

Letzten Sommer hörte ich, wie Lionel seinem Freund erklärte, warum ich in die Tumorklinik zur Nachuntersuchung mußte.

»Meine Mama wird dort durchgecheckt, um zu sehen, ob sie Metastasen hat – hat aber keine.«

Als wir vor kurzem zu meinem Onkel fuhren, aßen meine Kinder genüsslich schmatzend Riesen-Gummibärchen. Plötzlich meinte Lionel: »Guck mal Mama, das ist ein Teddy mit Brüsten«, dabei drücke er die Arme eines roten Riesen-Gummibärchens so zusammen, dass es aussah, als hätte es tatsächlich Brüste. Dann hörte ich Lionel kauen. Nach einer Weile sagte er: »Guck mal Mama, das ist ein

Teddy, dem man seine Brüste abgeschnitten hat, der hatte Krebs.«

»Oh ja, sieht ganz so aus«, meinte ich.

Schallendes Gelächter und reichlich bunte Riesen-Gummibärchen ohne Brüste unterhielten uns während der ganzen Fahrt. Mein Mann und ich zwinkerten uns gelegentlich zu.

Solche Situationen interpretiere ich nicht und lasse sie einfach währen.

Anders ist es da schon, wenn Sebastian zu mir kommt, sich an mich drückt und sagt, dass er eher sterben möchte als ich, oder, wenn er nachts weinend zu seinem Papa geht und fragt, ob ich die Operation vielleicht nicht überleben könnte; wenn mir Charlotte, sich auf meinem Schoss einrollend, zuflüstert, dass ich immer bei ihr bleiben müsse, und wenn mir Lionel mit angsterfüllten Augen die Frage stellt, ob ich wegen des Verdachtes auf Metastasen operiert würde. Fast immer bin ich dann gefühlsmäßig so überwältigt, dass ich am liebsten losheulen würde, was ich aber nie tue. Ich überlege, bevor ich antworte, bin dabei aber ehrlich. Sebastian sage ich, dass ich seine Gefühle verstehen kann, dass ich aber auch »uralt« werden könnte, wie seine Uroma Gertrude. Charlotte erkläre ich, dass ich als Kind meiner Mutter auch immer erzählt hatte, dass ich nie heiraten und immer bei ihr bleiben wollte und Lionel antworte ich, dass mich die Ärzte wegen des Verdachts auf Metastasen operieren, dass aber auch Metastasen behandelbar seien.

Wenn ich abends meine Kinder zu Bett bringe, albern und tollen sie häufig herum und ich versuche, sie einzufangen. Als mir kürzlich Sebastian bei diesem Unterfangen entwischte, rannte er zu Charlotte und zog ihr die Hose herunter, Lionel lachte und rief, Charlotte hätte einen schmutzigen Hintern – alle grölten.

»Zu Bett gehen«, rief ich energisch.

»Nein, noch kuscheln«, erwiderten meine drei. Dicke, kühle, nach Zahnpasta riechende Schmatzerchen landeten auf meinen Wangen, hier eins und da eins und noch eins. Fröhlich schmusend mit meinen Kindern wurde ich plötzlich unglaublich traurig – weil das Gefühl der Liebe so stark war, und weil ich dies noch lange, am liebsten immer, fühlen wollte und ich Angst hatte, es könnte mal nicht mehr so sein. Meine Augen füllten sich mit Tränen. Ich ging in ein anderes Zimmer und sagte meinen Kindern, dass ich mal ganz dringend zur Toilette müsse.

Tom half mir:

»Versuche nicht, Freude krampfhaft festzuhalten, denn genau in diesem Augenblick vergeht sie.

Lass sie einfach zu und genieße, ohne zu denken, was morgen wird.«

Mir ging es besser. Aber manchmal weine ich auch – wenn die Kinder eingeschlafen sind.

Für meine Kinder würde sicherlich eine Welt zusammenbrechen, ließe ich meinen Gefühlen in den für mich traurigen Momenten freien Lauf. Ich kann mit meiner Angst und Traurigkeit fertig werden. Aber könnten das meine Kinder? Ich müsste sie ihnen erklären und das, so denke ich, würde sie überfordern.

Hätte ich damals in Holland, als ich mit Tränen in den Augen von dem Toilettenhäuschen zu meinen am Strand spielenden Kindern zurück ging, meine Gefühle gezeigt, wäre alles bestimmt noch viel schlimmer geworden. Ich hätte den glücklichen Moment meiner Kinder zerstört, nur weil ich gerade nicht glücklich war. Und vielleicht hätte ich ihnen nicht nur den einen Moment, sondern noch viel mehr genommen, unbeschwertes Spielen, Lachen, Toben, Streiten, das Gefühl, ein beschützendes Zuhause zu haben.

Ich meine, dass man die Kinder nur dann mit einbeziehen sollte, wenn man ihnen ihrem Alter entsprechend gleichzeitig die Möglichkeit einräumt, helfen zu können. Geht es mir schlecht, bringt mir Lionel zum Beispiel einen Tee ans Bett, Sebastian ein Schmusetier und Charlotte Zwieback. Ich freue mich dann so sehr, dass ich mich sofort wieder besser fühle, und auch meine Kinder freuen sich, für mich sorgen zu können. Das macht sie zu aktiven Helfern und sie bekommen das gute Gefühl, auch wichtig zu sein, wenn es der Mutter mal schlecht geht.

Passives, ohnmächtiges Mitleiden schafft wirkliches Leid, das gilt für Kinder wie auch für Erwachsene. Wenn meine Familie oder Freunde mich fragen: »Wie kann ich dir denn bloß helfen?«, überlege ich mir immer, was sie Gutes für mich tun könnten. Als ich zu Ostern im Jahr 1999 wegen eines Infekts im Krankenhaus lag, wünschte ich mir von meinen Freunden viele Besuche und kleine Leckereien wie Eis und Kekse zum Kaffee. Meine Eltern, Schwester sowie meine Schwägerin in Hamburg bat ich, in den Schulferien meine Kinder für jeweils eine gewisse Zeit zu nehmen. Alle waren »glücklich«, nicht nur, weil es mir durch ihre Hilfe besser ging, sondern auch, weil das Echo ihres Handelns ihr eigenes Leben bereicherte. So rückten wir immer ein Stückchen näher zusammen, dass ein Band aus Liebe und Fürsorglichkeit entstand.

»Mama, wann kommt Irmchen heute?«

»Kann ich heute mitgehen, wenn Irmchen einkauft?«

»Geht Irmchen heute wieder mit uns zum Schwimmen?«

»Da ist Irmchen!!! Hurra, Irmchen kommt!«

Seit Jahren werden meine Kinder gleichwohl von Kinderfrauen und Haushälterinnen »großgezogen«. Ich spreche von Kinderfrauen, denn es waren schon sechs an der Zahl. Manchmal erzählen die Kinder von ihnen, dass die eine immer so komische Gummistrümpfe anhatte, die andere nur Pudding mit Klumpen kochen konnte, die nette immer Süßigkeiten mitbrachte und so gut singen konnte. Auch ich könnte Romane schreiben über unsere Kinder und ihre Kinderfrauen. Manche waren mit meinen drei Kindern völlig überfordert, meine Kinder merkten das sofort und tanzten ihnen auf der Nase herum. Einige waren zu gutmütig und wurden arg »verschlissen«. Andere waren fahrlässig, ließen zum Beispiel die Türen zur Straße offen stehen, so dass meine kleine Tochter weglaufen konnte. Nach einer großen Suchaktion fanden wir sie dann am Ende unserer Straße, mitten auf der Fahrbahn sitzend, wieder. Sie war anderthalb. Eine Haushälterin kam auf die glorreiche Idee, eine schwarze, mit bunten Mosaiken gehäkelte, spanische Tagesdecke zusammen mit Weißwäsche zu kochen. Das Resultat landete im Müllbeutel.

Die Richtige zu finden, war wirklich schwierig. Seit zwei Jahren ist Irmchen in unserem Haus. Sie ist zuverlässig, gütig und dennoch bestimmend, sie ist einfach wunderbar und gehört schon mit zur Familie – wir lieben sie. Seitdem sie da ist, brauche ich nicht mehr zu bangen, dass alles zusammenbricht, wenn ich nicht zu Hause bin.

Manchmal »schmeißt« sie allein über Wochen den Haushalt, während ich im Krankenhaus liege. Natürlich bleiben dann meine erzieherischen »Maßnahmen« auf der Strecke und die Kinder werden ziemlich verwöhnt. »Mama, du kannst eigentlich wieder zurück ins Krankenhaus gehen, bei Irmchen darf ich das nämlich«, bekomme ich dann und wann von meinen Kindern zu hören, wenn ich, wieder zu Hause, diverse Anstrengungen unternehme, schlechte Gewohnheiten auszumerzen, wie zu langes Fernsehen, Naschen vor dem Zubettgehen, schlunzig gemachte Hausaufgaben …

Häufig hört man meine »Brut« noch eine Strasse weiter. Sie singen, pfeifen, lachen, streiten … Sie sind mehr auf der Strasse als im Garten, meine Kinder, und spielen mit ihren Freunden, die in unserer unmittelbaren Nachbarschaft wohnen. Wenn sie reinkommen, oft mit einem kleinen Sandkasten in ihren Haaren und Hosentaschen, hinterlassen sie eine nicht übersehbare Spur, die zur Küche führt. Dort werden dann mit verschwitztem Gesichtchen und verklebtem Haar der Riesen-Durst und Riesen-Hunger gestillt, schnell und wirklich eindrucksvoll, denn keine Zeit ist zu verlieren, draußen kann das Spiel nicht warten... Die Haustüre knallt zu, alle Fensterscheiben im Hause scheppern. In der Küche sind dann ebenfalls deutliche Spuren meiner Rasselbande vorzufinden. Mehrere unverschlossene Getränkeflaschen und noch mehr Trinkbecher stehen auf dem Raumteiler. Orangensaftspritzer auf dem Boden lassen Schuhsohlen quietschen, in einer Ecke liegt womöglich der Schraubverschluss einer Sprudelwasserflasche, das Papier eines Schokoriegels findet sich gelegentlich hinter dem Abfalleimer.

Wenn sie abends wie die Schmutzfinken ausgelassen und glücklich reinkommen und dann nach einer ausgiebigen Dusche mit roten, strahlenden Bäckchen und leuchtenden Augen am Abendbrottisch sitzen, erzählen sie. Jeder hat so Wichtiges über den Tag zu berichten, dass häufig alle zur gleichen Zeit reden wollen.

»He, ich habe zuerst angefangen!«

»Nein stimmt ja gar nicht, Blödmann, ich habe zuerst erzählt!«

»Wenn zwei sich streiten, freut sich der Dritte! Ich erzähle jetzt!«

Meistens einigen sie sich untereinander.

Vor dem Zubettgehen wird häufig gekuschelt. Wir schmusen, kitzeln uns, spielen auf der Haut Spinne mit den Fingern, erzählen Geschichten und verabschieden uns vom Tag. Manchmal bin ich traurig und wünsche mir, es möge alles immer so bleiben ...

Ich glaube, sie sind noch gar nicht so sehr erwachsen, vielleicht eher selbstständig und selbstbewusst, aber halt ganz »normale« Kinder, die vor lauter Lebensfreude auch hüpfend »laufen« und die abends, nach einem abenteuerlichen Tag todmüde in den Schlaf fallen.

So mancher hatte mir damals, als ich mit der Diagnose konfrontiert wurde, geraten, vorsorglich mit meinen Kindern eine Ersatzmutter zu suchen und den Abschied, beziehungsweise meinen wahrscheinlich baldigen Tod, zu »organisieren«. Da hätten wir aber umsonst gesucht und organisiert, umsonst ein Meer aus Tränen vergossen, bangend um den Tod, der nicht eintraf. Vielleicht werde ich in fünf Jahren sagen: »Gott sei Dank, ich lebe und habe glückliche Kinder, Gott sei Dank, dass ich meine Kinder mit meinen Ängsten und Sorgen nicht belastet habe. Und vielleicht werde ich in weiteren fünf Jahren dasselbe sagen und vielleicht ... werde ich ja noch »uralt«. Wer weiß denn schon, was morgen sein wird. Wie viele Menschen können sich nicht mehr von ihren Liebsten verabschieden, weil sie durch einen Unfall von jetzt auf gleich ihr Leben verlieren. Warum soll ich heute, weil ich Krebs hatte, meinen möglichen Abschied kundtun, wenn ich doch überhaupt nicht weiß, woran und wann ich einmal sterben werde. Mir kann auch morgen der sprichwörtliche Dachziegel auf den Kopf fallen. Also nutze ich doch lieber den Tag und lasse morgen morgen sein.

Gesund leben...

Sie hatten Krebs, Brustkrebs? Dann sollten Sie keine tierischen Fette mehr essen, überhaupt sollten Sie mit Fetten sparsam umgehen. Kaffee, alkoholische Getränke, Weißzucker, Weißmehle, das alles muss vom Speiseplan gestrichen werden. Sauerkrautsaft wäre gut, am besten drei mal am Tag ein volles Glas vor dem Essen, rote Beete und Broccoli sollten täglich verzehrt werden. Am besten, man befolge eine Krebsdiät. Natürlich muss man für ausreichend Schlaf sorgen, und täglich Sport treiben, und, und, und ...«

Da frage ich mich: Wenn ich diese »Gesundheitsratschläge« beherzige und nach ihnen lebe, Tag für Tag, wie viel müsste ich dann entbehren? Ich esse nun mal gerne Schokolade oder ein Stück Kuchen, genieße Rotwein mit Käse und Baguette, besonders in einer gemütlichen Runde – und Sauerkrautsaft kann ich überhaupt nicht ausstehen. Ich schlafe manchmal zu wenig, und Sport kann ich auch nicht immer treiben. Würde ich die Ratschläge befolgen, dann lebte ich krampfhaft ein Leben, um bloß nicht sterben zu müssen – an Krebs. Und sicherlich wäre ich verdammt sauer, würde ich mit diesem gesunden Lebensstil dann doch irgendwann eine Metastase bekommen. Gesund leben möchte ich schon, aber es genießen möchte ich auch, und das ist meiner Ansicht nach mindestens genau so wichtig. Ich kann mir nicht vorstellen, dass Müsli am Morgen meiner Gesundheit dienlich ist, wenn ich es mit Widerwillen esse. Ich denke, dass eine gesunde Speise nur dann gesund für mich ist, wenn ich sie mag, und so ist es mit vielen anderen Dingen wohl auch. Sport hat sicherlich nur dann eine positive Wirkung auf den Körper, wenn man Spaß dabei hat, und es ist bestimmt nicht nützlich, sich zu früher Stunde ins Bett zu zwingen, wenn man dann stundenlang wach liegt, weil man nicht müde ist. Auch Meditationen bringen sicherlich keinen Erfolg, empfindet man sie als gräulich. Sicherlich wollen viele Menschen, vor allem wenn sie schon einmal ernsthaft krank waren, gesund leben, wie ich auch. Das Entscheidende ist dabei, dass man einen Lebensstil wählt, der zu einem passt: Heilmittel, Therapien, Speisepläne, Sportarten, mit denen man das Leben genießen kann.

Jeder ist für sich selbst der beste Experte. Für mich kommt eben eine sogenannte Krebsdiät nicht in Frage. Zum einen müsste ich immer getrennt kochen, da meine Kinder vor allem die gesunden Lebensmittel wie Gemüse immer noch mit den wahrscheinlich »längsten Zähnen der Welt« von sich weisen. Zum anderen müsste ich mich zwingen, mir täglich Gedanken über die Zusammenstellung der nächsten Mahlzeit zu machen. Das wäre wider meine Natur. Kochen gehört halt nicht zu meinen Leidenschaften, es ist für mich ein Muss, und so entscheide ich immer ganz spontan, was auf den Tisch kommt. Natürlich stopfe ich mich nicht mit Süßigkeiten oder Teigwaren voll, weder trinke ich en masse Kaffee noch bechere ich jeden Tag Alkohol. Ich achte schon darauf, dass ich mich »vernünftig« ernähre und meinen Körper nicht quäle. Da ich eine Vorliebe für Salate und Vollkornbrote habe, plagt mich aber auch kein schlechtes Gewissen, wenn ich einen Schokoriegel oder ein Glas Rotwein genieße.

Ein intaktes Immunsystem ist wichtig für die Gesundheit, das lese und höre ich immer wieder. Nur war meins, das ziemlich unter der Chemo- und Strahlentherapie gelitten hatte, überhaupt nicht in Ordnung. Ich habe auch heute noch zu wenig Leukozyten, Helfer- wie auch Killerzellen. Sofort nach der Chemo begann ich mit einer Misteltherapie, nahm Enzyme und Vitamine ein. Anfänglich hatte ich mir direkt von den Pharmakonzernen Rat eingeholt, was ich womit kombinieren könnte, denn ich fand keinen Arzt, der sich mit solch einer komplexen Therapie auskannte.

Es gibt unzählige biologische Anti-Krebs-Therapien, unzählige Anti-Krebs-Diäten, verheißungsvolle Pillen, Wunderheiler, heilversprechende Grotten... Würden wir alles ausprobieren wollen, hätten wir wohl kaum mehr Zeit, das Leben zu leben, und vielleicht auch keinen Penny mehr in der Tasche. Der Markt ist voll von vielversprechenden »Mittelchen«. Nicht selten verbergen sich dahinter Scharlatane, die ihr teures Zeug an todkranke Menschen verkaufen und somit ihre Not schamlos ausnutzen. Man sollte stets kritisch sein und bleiben!

Ich war nicht glücklich darüber, mich über Literatur und Pharmakonzerne selbst zu behandeln. Deshalb wandte ich mich an die »Gesellschaft für biologische Krebsabwehr« in Heidelberg, welche mir eine Liste mit Tages- und Kurkliniken zuschickte, die diese von mir gewünschte Nachbehandlung durchführen. Es ist äußerst wichtig, sich an die richtige Adresse zu wenden, nicht jede Tumorerkrankung darf mit Mistel oder anderen immunstimulierenden Mitteln behandelt werden.

Die für mich nächstgelegene Praxis ist in Düsseldorf. Dort wurde ein Behandlungsprogramm erstellt, das meinem Immunsystem offensichtlich gefällt, denn nach sechs Monaten hatte sich die Anzahl meiner Helfer- und Killerzellen fast verdoppelt. Auch andere Therapiemöglichkeiten nehme ich in dieser Tagesklinik in Anspruch. Yoga und Craneosacrale-Osteopathie bereichern mein Leben und homöopathische Mittel mildern die durch die Hormontherapie hervorgerufenen Symptome. Mein Tumor war östrogenrezeptorpositiv, seine Zelloberflächen trugen Hormonrezeptoren für das Östrogen. Um eine mögliche Metastasierung unter dem Einfluss von Östrogenen zu vermeiden, erhalte ich in Form von Tabletten und einer »Monatsspritze« eine Anti-Hormon-Therapie. Schweißausbrüche und Schlaflosigkeit sind die einzigen Nebenwirkungen, die ich verspüre. Die Schweißausbrüche sind allerdings so massiv, dass ich nachts mehrmals meine T-Shirts wechseln muss und mindestens einen Liter Wasser trinke. Tagsüber trage ich immer einen Fächer bei mir, um anrollende Hitzewallungen in meinem Gesicht zu kühlen. Das Gute an diesen gratis »Saunen« ist, dass ich eine wunderschöne Haut bekommen habe. Auch mein Schlafmangel bereitet mir keine Probleme. Ich nutze manchmal meine Wachphasen, um zu meditieren, zu lesen oder auch zu schreiben. Tagsüber gönne ich mir dafür mehrere Auszeiten. Schlaftabletten nehme ich nur ganz selten. Viele werden jetzt denken, dass man das auch nur machen kann, wenn man nicht berufstätig ist. Nun wache auch ich sehr früh morgens auf, meistens gegen sechs Uhr. Aber anstatt aus dem Bett zu springen und mich sofort in die Hektik des Tages zu stürzen, genieße ich die Ruhe. Manchmal sind es lediglich fünf Minuten, die ich nutze, um an nichts zu denken und nur auf mein Atmen zu achten. Ganze fünf Minuten, in denen ich absolut entspanne und Energie für den Tag tanke. Fünf Minuten, die hat jeder. Derjenige, der behauptet, dass er diese Zeit nicht hat, möchte sich ganz einfach mit Entspannungstechniken nicht befassen. Es ist ja auch viel bequemer, so scheint es zumindest, körperliche Anzeichen von »Schwäche« mit Kaffee, Beruhigungspillen oder Schlaftabletten zu ersticken ...

Durch meine Auszeiten am Tage, die in der Regel nicht länger als jeweils zehn Minuten dauern, schaffe ich mir für Stunden innere Ruhe und Energie und manchmal ermöglichen sie erst, dass ich mit Tom ins Gespräch komme. Es bedarf auch heute noch für mich immer wieder bewusster »Übung«, um das Hier und das Jetzt zu leben, denn wie schnell verfällt man wieder dem alltäglichen Trott, der uns des Lebens Reichtum raubt.

»Bewegung brauche ich!«, das sagt mir mein Körper jeden Tag. Regelmäßig fahre ich Rad. Wenn es die Witterung nicht erlaubt, radle ich auf meinem Hometrainer, der unter einem großen Atelierfenster steht. Ich höre dabei Musik und genieße den Ausblick auf zahlreiche Bäume. Anschließende Gymnastikübungen runden mein Programm ab. Ich freue mich, meine Muskeln festigen sich, meine Kondition wird immer besser, ebenso mein Appetit. Erwiesen ist, dass regelmäßiges Bewegungstraining, damit meine ich nicht Leistungssport, die Herz-Lungen-Tätigkeit verbessert, den Stoffwechsel anregt, die Abwehrkräfte steigert, die Psyche stärkt, den Schlaf fördert und somit letztendlich die Bindung zum Leben festigt, ebenso den Glauben an die Genesung.

Manchmal ertappe ich mich, dass ich zu flach oder verkrampft atme. Daher mache ich täglich Atemübungen, die meinen Körper mit reichlich Sauerstoff versorgen und mein Lymphsystem anregen. Während ich einatme zähle ich, zum Beispiel bis fünf, dann halte ich den Atem vier mal so lange an, ich zähle also bis zwanzig, und atme doppelt so lange aus wie ich eingeatmet habe, ich zähle bis zehn.

Diesen Vorgang wiederhole ich mindestens zehn mal, so nebenbei, während ich koche, Rad fahre, male, spazieren gehe, oder meine Fingernägel schneide. Man spricht diesen Atemübungen eine deutlich höhere gesundheitsfördernde Wirkung zu als jeder Vitaminpille.

Eine besondere Atemtherapie wende ich an, wenn mich Ängste oder Traurigkeit quälen. Sie sind häufig da und möchten beachtet werden, denn sie sind ein Teil von mir. Ich befrage sie, was sie mir sagen wollen und versuche, sie zu verstehen. Dabei ist mir aufgefallen, dass meine Traurigkeit oder Angst selten etwas mit der Gegenwart zu tun hat. Manchmal werde ich über etwas Vergangenes traurig, zum Beispiel dass ich meine Kinder so häufig entbehren musste und sie mich – und manchmal über etwas, was in der Zukunft liegt, weil ich vielleicht Angst habe, Angst vor dem Ungewissen. Verursachen sie mir ein mulmiges Gefühl und drohen, zu mächtig zu werden, arbeite ich mit Farbe. Dann schließe ich meine Augen und atme Farbe dorthin, wo das mulmige Gefühl sitzt und zwar so lange, bis es verschwindet. Natürlich lasse ich diese Gefühle auch los, weine ich vielleicht, doch ich behalte sie unter Kontrolle, grenze sie zeitlich ein, damit sie mir meine Lebensfreude nicht nehmen.

Für mich ist Zeit so kostbar geworden, dass ich sie nicht mit Gefühlen vergeuden möchte, die mir nicht behagen.

»Nein, mein ganzes Leben verändern, so wie Sie, nein das könnte ich nicht!«, höre ich gelegentlich von Menschen, die krank sind und meinen Brief gelesen haben. Dabei habe ich mein Leben eigentlich gar nicht bewusst verändert, vielmehr entwickelte sich in mir eine »lebendige« Sensibilität zum Leben, durch die ich heute ganz andere Bedürfnisse habe als früher und mein Leben anders lebe.

Jeder muss für sich seinen eigenen Weg finden. Das Wichtigste ist wohl, dass man sich treu bleibt, sich selber lieb hat und sich schätzt, dass man auf das Flüstern der inneren Stimme hört und mit ihr im Einklang lebt. Dann gibt es kein Richtig und kein Falsch und man ist auf dem besten Weg, an Körper und Seele gesund zu werden.

Suspekte Befunde

Mama, bleibst du wirklich nicht lange weg?«
»Nein Charlotte, bestimmt nur drei oder vier Tage«, erwiderte ich.
»Bestimmt Mama?«
»Bestimmt!«
»Mama, wann kommst du zurück?«, fragten meine Jungen, als sie sich zu uns an den Frühstückstisch setzten.
»Heute ist Montag, also ich nehme an Mittwoch oder Donnerstag.«
Gut ein Jahr nach der Chemo, Anfang September 1999, verabschiedete ich mich eines Morgens mit diesen Worten von meiner Familie, weil ich für drei Tage zur Nachuntersuchung in die Klinik musste. Da zahlreiche Untersuchungen auf dem Programm standen, ein Besuch bei den Gynäkologen, einer bei den Hämatologen und eine umfassende, abklärende Diagnostik bei den Orthopäden, suchte ich dieses Mal nicht die Tumorklinik

auf. Seit einiger Zeit hatte ich Schmerzen im Becken, andere Knochen taten mir zwar auch hin und wieder weh, aber die im Becken waren wesentlich hartnäckiger. Eine kurz zuvor durchgeführte Knochenszintigraphie zeigte verdächtige Nuklidmehrbelegungen, so dass ein MRT gemacht werden sollte. Ich ging tapfer durch die Checks. Den ersten Tag verbrachte ich bei den Gynäkologen – alles war in Ordnung, den zweiten bei den Hämatologen – mein Blutbild hatte sich gebessert, den dritten Tag bei den Radiologen – ich musste wieder in die Röhre. Die Klinik ist eine richtige kleine Stadt. Fast jedes Fachgebiet befindet sich in einem anderen Gebäude. Einige Häuser sind vollkommen veraltet und schäbig, auch ihre Innenräume sind absolut renovierungsbedürftig. Andere wiederum sind wunderschön restauriert und komfortabel renoviert. Zur Kernspintomographie musste ich ins Hauptgebäude. Es ist ein relativ moderner, aber hässlicher Kasten. Über ein sich drehendes Rondell, das in zwei mit Blumen bestückte Parzellen unterteilt ist, gelangt man in die Eingangshalle. Ich dachte plötzlich an meine Kinder und malte mir aus, wie sie vor Vergnügen kreischend mit dieser Drehtüre spielten. Ich sah die vielen Abdrücke ihrer Händchen auf den Glasscheiben und Leute, die sich über den Lärm und die Zügellosigkeit meiner Kinder aufregten. Schnell wurde ich in die Wirklichkeit zurückgeholt, als mir ein entgegenkommender Mann, mein »Bild« zerriss.

»Wie kann man denn nur lächelnd dieses Gebäude betreten?!«, rief er mir zu.

Ich schaute ihn wohl ziemlich entgeistert an und ging weiter zum MRT 2, das sich im Untergeschoss befindet.

»Eine Stunde Wartezeit«, hieß es dort.

Ich entschied mich, draußen zu warten und suchte mir ein schattiges Plätzchen auf einer Bank, die im Schutze eines großen, dicken Kastanienbaums stand. Es war ein heißer Spätsommertag, der Himmel wolkenlos, aber dennoch nicht blau. Kein einziges Lüftchen wehte und das Licht flirrte; Hitze, bis zum Himmel stehend, ließ jegliche Farbe verblassen. Doch hier im Schatten ließ es sich gut aushalten. Nach einer Weile setzte sich ein älteres Ehepaar neben mich und wir kamen ins Gespräch. Angst las ich in den Augen der Frau. Auch sie hatte Krebs – und dies gerade einen Tag zuvor erfahren. ›Wahrscheinlich steht sie noch unter Schock, so wie ich damals, vor einem Jahr‹, dachte ich.

Die Stunde ging unheimlich schnell vorüber. Bevor ich ging, gab ich ihr noch meinen Brief, ich hatte noch einen in meiner Tasche.

»Ich hätte gerne Ohrenstöpsel und bitte eine

Decke«, bat ich. Es war erbärmlich kalt auf dem schmalen Tisch. Die Schwestern schienen mir ziemlich gestresst. Sie waren unfreundlich und knallten mir die Stöpsel mit den Worten »Eine Zudecke haben wir nicht!« in die Hand.

»Ich friere aber, so kann ich nicht lange in der Röhre ruhig liegen bleiben«, erwiderte ich.

»Dann müssen Sie eben mit einem Laken vorlieb nehmen«, raunzte eine Schwester aus einem anderen Raum heraus.

»O.K.«, meinte ich. Meine Füße wurden ziemlich unsanft zusammengebunden und mit Sandsäcken beschwert, damit ich sie nicht mehr bewegen konnte. Dann wurde ich, mit einem Laken zugedeckt, in die Röhre geschoben. Als das lärmende Klopfen begann, schloss ich meine Augen und versuchte zu entspannen. Doch schon nach einigen Sekunden hörte das Klopfen wieder auf und ich wurde wieder hinausgefahren.

»Liege ich nicht richtig?«, fragte ich.

»Ob Sie richtig liegen, kann ich doch nicht beurteilen«, kam die Antwort. »Ich muss Sie noch mal richtig platzieren.« Die Schwester zerrte an mir herum. »Jetzt aber nicht mehr bewegen!«

»Wieso, ich hatte mich doch gar nicht bewegt!«, entgegnete ich.

»Doch, Sie haben sich bewegt«, schrie sie mich an.

Das reichte! Der Unfreundlichkeit wurde es mir zuviel. »Vielleicht haben Sie ja Stress, das kann ich verstehen, aber das erlaubt Ihnen noch lange nicht, so mit mir umzugehen. Ich habe Angst, verdammt noch mal, denn ich bin hier, weil es um mein Leben geht! Verstehen Sie das? Reißen Sie sich gefälligst zusammen!«, schrie ich zurück.

Kommentarlos wurde ich wieder in die Röhre geschoben. Ich war froh, dass ich mir Luft verschafft hatte; auch Tom zeigte sich zufrieden. Er war natürlich sofort bei mir, als das Klopfen wieder begann. Die Untersuchung dauerte sehr lange, und je länger ich in dieser Röhre war, desto größer wurde meine Sorge, dass irgendetwas mit meinen Knochen wohl wirklich nicht stimmte. Ich fragte Tom, was los sei, aber auch Tom konnte mir nicht viel helfen. Er gab mir nur den Rat, abzuwarten und zu entspannen. Der hatte ja gut reden. So langsam begann ich zu schwitzen und mein Herz fing an zu rasen, doch dann hörte der Lärm plötzlich auf. Die Türe wurde geöffnet und jemand betrat den Raum.

»Ich muss Ihnen ein Kontrastmittel spritzen, aber das kennen Sie ja schon«, sagte eine männliche Stimme.

Ich war immer noch in der Röhre und konnte niemanden sehen.

»Moment, ich fahre Sie erst einmal hinaus«, hörte ich die Stimme.

Über mich gebeugt stand ein gutaussehender, junger Arzt.

»Und – wie sieht mein Becken aus?«, fragte ich mit zittriger Stimme.

»Tja«, meinte der Arzt, »eigentlich darf ich noch gar nichts sagen.«

»Bitte, sagen Sie mir, was Sie gesehen haben.« Unerträglich lang wurde der Moment des Wartens auf Antwort. Sekundenschnell lösten sich Furcht und Hoffnung ab, ich lebte weder im Jetzt, noch im Gleich, sondern dazwischen, was mir »ewig« erschien.

Der Arzt spritzte mir das Kontrastmittel.

»Ja also, es tut mir leid, dass ich Ihnen nichts Besseres sagen kann. Aber da sind in Ihrem Becken Veränderungen, die da nicht hingehören.«

»Können das Metastasen sein?« flüsterte ich.

»Ja, und man sollte hier unbedingt biopsieren, um Gewissheit zu erlangen.«

Das tosende Klopfen begann von neuem. Jetzt brach mir förmlich der Schweiß aus und ich wünschte, ich hätte kein wärmendes Laken mehr.

»Oh Tom, wird jetzt alles wieder anders?

Werden die Schatten wieder größer und die Laute wieder leiser? Hört die Erde gleich wieder auf, sich zu drehen?«

Tom nahm mich in seine Arme und hielt mich fest. Es folgten Messungen über Messungen, niemand sagte mir Bescheid, wann sie losgingen und wie lange sie dauerten. Normalerweise wurden mir die Messungen immer vorher angesagt, ungefähr so: »Jetzt folgt eine Messung von fünf Minuten.« Manchmal fragte mich auch eine Schwester, ob es mir gut ginge. Aber diesmal war alles schrecklich. Niemand kümmerte sich um meine Angst, dabei hätten die Schwestern und Ärzte im anderen Raum sie doch hören müssen. Warum sagt denn keiner was?! Ich wollte schon anfangen zu weinen, als Tom mit mir zu sprechen begann:

»Verliere dich nicht. Es ist doch gar nichts passiert. Diese Röhre ist doch nur so etwas wie ein Spiegel, der deinen Körper von innen zeigt. Nichts wird sich von gestern auf heute großartig verändert haben – und nichts wirst du ungeschehen machen können. Gestern hattest du noch keine Angst, obwohl du die gleiche warst. Solltest du tatsächlich eine Metastase haben, was ich aber nicht glaube, so war sie auch vorgestern schon da, und dann müsstest du es feiern, wenn man sie heute entdeckt. Auch mit einer Metastase wirst du weiterleben, du hast die Kraft. Verliere dich nicht in deiner Angst!«

»Mein Gott Tom, bist du ein Klugscheißer! Aber recht hast du ja. Nur mit Vernunft komme ich jetzt nicht weiter. Schau, ich zittere immer noch.«

»Dann versuchs' mal mit der Atmung, du hast doch so viele Techniken zur Bewältigung von Stresssituationen erlernt!«

Ich schloss meine Augen und lokalisierte meine Angst. Sie saß im Bauch, in der Brust und im Hals. Ich fragte sie, welche Farbe sie jetzt brauchte. Es war grün, alles nur grün, was ich sah, als würde ich durch grüne Augenlider schauen. Dieses Grün atmete ich in meinen Bauch, meine Brust und in meinen Hals, und zwar so lange, bis das schmerzende Gefühl der Angst verschwand, mein Atem ruhiger wurde und das Herzjagen aufhörte. Es hatte geklappt! Nach gut einer Stunde wurde ich dann endlich aus der Röhre befreit.

»Kann ich noch den Arzt sprechen?«, fragte ich.

»Nein, absolut nicht möglich«, blökte die blöde Kuh, »wir haben einen Notfall.«

Man gab mir unsanft die Tüte mit meinen Bildern, und ich wurde zur Tür hinausgeschoben. Auf dem Flur hörte ich plötzlich sehr hektisches Treiben, viele Schritte, ein heranrollendes Bett, Herztöne, das Zischen von Pumpen... Eine Intensivstation, umgeben von Ärzten und Schwestern, kam mir entgegen. Ein junger Mann lag bewusstlos, völlig verkabelt und umgeben von zahlreichen Maschinen auf einem schmalen Bett. Seine Füße fielen nach außen, ein Schlauch steckte in seinem Mund; der Mann wurde beatmet. Offensichtlich schwebte er in akuter Lebensgefahr. Trotzdem umspielte ein Lächeln sein Gesicht.

Tränen verschleierten meine Sicht, dann rannen sie wie Sturzbäche über meine Wangen. Ich fing an zu schluchzen und konnte es nicht mehr verhindern, hemmungslos zu weinen. Wie seltsam, wie komisch fühlt sich manchmal Leben an. So schnell ich konnte verließ ich das Gebäude, ich wollte einfach nur raus – in die »Freiheit« – wo das Leben noch eine andere Melodie spielte. Die heiße Sommersonne brannte auf meinem Gesicht und trocknete schnell die Tränen, so als wünschte sie nicht, dass ich noch weiter weinte. Ich verließ das Klinikgelände und ging in ein nahegelegenes Café. Ein Schattenplätzchen unter einem großen, gelben Sonnenschirm und einen Cappuccino, das brauchte ich jetzt. Langsam ordneten sich meine Gedanken und ich wurde ruhiger, öffneten sich meine Sinne wieder dem Leben, konnte ich wieder sehen, fühlen, riechen und schmecken. Neben mir saß ein Mann, er las die »Rheinische Post«, ab und zu aß er ein Stück von seinem Käsekuchen und nahm einen Schluck Kaffee. Ob er wohl frei war, frei von Sorgen, und das Leben genießen konnte? Oder das Liebespärchen links von mir. ›Es wirkt glücklich und schwebt wohl auf Wolke sieben‹, dachte ich. Kann ich mich beklagen? Ich sitze hier, sonnengeschützt und trinke einen wirklich leckeren Cappuccino, habe zu Hause wunderbare Kinder, einen Mann... Ist das nicht Luxus? Auf einmal schaute ich von oben auf mich herab, sah ich mich unten sitzen, unter einem von vielen gelben Sonnenschirmen. Mein Schirm wurde immer kleiner, und ich sah die Stadt mit ihren unendlich vielen Straßen und Autos, die dann auch immer kleiner wurde und allmählich verschwand, auf einem großen Ball, unserer Erde – sich drehend in einem unendlichen Universum. Plötzlich gewährte sie mir einen Einblick in ein anderes Land als das »meinige«. Ich sah viele Menschen Durst und Hunger leiden. Babies, Kleinkinder, junge und alte Menschen, mit großen, traurigen Augen und ausgezehrten Körpern, schreckliches Leid – von Geburt an, zeitlos, auf ewig. Dann tauchte wieder der gelbe Sonnenschirm auf, unter dem ich saß.

Als ich gegen Nachmittag zurück auf die Station kam, herrschte dort eine ungewöhnliche Stille, kein menschlicher Laut war zu hören, nur das Klappern von Geschirr drang aus der Küche. Nach längerem Suchen fand ich eine Schwester und gab ihr meine Bilder. Ich wartete auf einen Arzt, doch es kam keiner mehr.

Sollte ich jemanden anrufen? Aber wen? Und was sollte ich sagen? Dass ich vielleicht Metastasen habe? Vielleicht! Es ist ja gar nicht sicher! Und was sollte derjenige mir antworten? »Das wird schon wieder!« oder »Das schaffst du dann auch noch!«? Und dann würde ich auflegen, und alles wäre genau wie jetzt – oder vielleicht noch schlimmer?

Ich rief niemanden an.

Statt dessen überlegte ich, ob ich mich sofort operieren lassen würde, sollten die Ärzte am nächsten Morgen darauf drängen. Hätte ich überhaupt die, so denke ich, wichtige, »innere Bereitschaft« für eine sofortige Operation?

Kinderlachen lenkte meinen Blick nach draußen. Auf einer großen Wiese spielten zwei kleine Kinder mit ihrer Mutter Fangen. Wollte ich nicht bald – in zwei oder drei Wochen – mit meinen Kindern eine Mutter-und-Kind-Kur in Timmendorf machen? Wir hatten uns alle schon so darauf gefreut. In der milden Herbstsonne am Strand entlang laufen, Kastanien sammeln, Schwimmen in der Therme, wohltuende Massagen ...

Ich kam zu keinem Entschluss, nahm mir ein Buch und las, bis ich irgendwann zu später Stunde einschlief.

Mutter-und-Kind-Kur

Am nächsten Morgen wurde ich viel zu früh geweckt, und kurz nachdem die Betten gemacht waren, kam auch schon die Visite.

»Wir müssen Sie operieren«, sagte der Chefarzt ziemlich besorgt – und reichte mir die Hand.

Auch alle anderen Ärzte, Schwestern sowie Physiotherapeuten, die ihm gefolgt waren und jetzt um mein Bett herum standen, schauten mit ernster Miene – allerdings zum Boden.

»Sofort? Was ist denn mit meinem Becken?«, fragte ich.

Die MRT-Bilder wurden geholt. Diese gegen das Licht haltend, erklärte mir der Chefarzt die einzelnen suspekten Stellen. Ganz helle Flecken leuchteten in meinem linken Beckenknochen, der sich sonst dunkel darstellte. Das konnte ich deutlich erkennen. Und die durften da nicht sein! Dringender Verdacht auf

Metastasen, hieß es! Schon am nächsten Tag sollte ich auf den OP-Tisch ...

Mit jedem Moment wurde mein Kloß im Hals dicker. Das Geschwader war schon wieder draußen und ich alleine, aufrecht im Bett sitzend, kaum noch atmend.

»Tom, hilf mir, sag mir, was soll ich tun?«

»Operieren lassen musst du dich, das ist ja wohl klar. Aber vielleicht gehst du erst einmal nach Hause und entscheidest in aller Ruhe, wann was geschieht. Du musst ja auch mit Irmchen klären, ob sie Zeit hat, die Kinder ganztägig zu versorgen! Und du hast deinen Kindern versprochen, dass du heute oder morgen wiederkommst.«

»Klar, das mache ich.«

Ich sprang aus dem Bett, packte meine Sachen und verabschiedete mich schnell von der Station, zum Entsetzen aller.

»Mama, ich möchte Nutella auf meinem Pfannkuchen!«, rief meine Tochter.

»Ich auch mit Nutella, hm!«, Sebastian setzte sich auf den Raumteiler und schaute zu.

»Ich möchte meinen aber mit Zitrone und Zucker! Darf ich schon mal die Zitrone auspressen? Huhu, Mama! Hörst du mich? Ich möchte meinen mit Zitrone!« Lionel bemerkte meine geistige Abwesenheit.

Mir war überhaupt nicht nach Pfannkuchen backen, das war eine richtige Qual in diesem Moment, aber Irmchen musste zum

Arzt und war froh, als ich gegen Mittag plötzlich im Türrahmen stand.

Nach zwei misslungenen, kohlrabenschwarzen Pfannkuchen saßen meine drei dann schließlich doch glücklich am Tisch und schmatzten.

Als mich am Nachmittag Irmchen wieder ablöste, verzog ich mich in mein Zimmer und überlegte, wie ich vorgehen sollte. Um noch eine andere Meinung zu hören, rief ich einen mir vertrauten Arzt an und erzählte ihm die ganze Sache. Er riet mir nicht, die Operation hinauszuziehen, meinte aber, dass ich wohl auch nichts falsch machen würde, führe ich erst einmal mit meinen Kindern zur Kur an die Ostsee. Plötzlich kam Charlotte mit einem großen Kuvert ganz aufgeregt die Treppen hoch. »Mama, mach schnell auf! Irmchen sagt, das ist aus Timmenhof! Mama, da fahren wir doch hin! Da ist doch das große Meer – stimmt das? Mach auf!«

Sie hatte recht, es war ein Schreiben von dem Mutter-Kind-Kurhaus »Lindenhof« am Timmendorfer Strand. In zehn Tagen sollte es schon losgehen.

Die Zeit, die wir dort verbrachten, war wunderschön und unvergesslich. Wir wohnten in einem gemütlichen, von Linden umsäumten Haus mit großzügigen Appartements für Mutter und Kind. Nichts brauchte ich zu organisieren, alle Arbeit war mir abgenommen. Wie im Paradies ließ ich mich einfach nur verwöhnen. Während die Kinder im Kinderland beschäftigt waren, erhielt ich Fango, wohltuende Massagen, besuchte ich die Ostseetherme oder ging einfach am Strand spazieren und genoss die milde Herbstsonne. Wir hatten Glück mit dem Wetter, denn Sonnenschein lud uns jeden Tag zu langen Ausflügen ein. Am Strand oder im Wald, da fühlten wir uns am wohlsten. Wir suchten viele kleine Muscheln für Schmuckkästchen, die wir damit bekleben und dann zu Weihnachten verschenken wollten oder Kastanien, die massenhaft zu finden waren und mit denen die Kinder im Kinderland bastelten. Schnell lernte ich nette Mütter kennen, und auch meine Kinder hatten sofort ihre Freunde und Freundinnen gefunden. Zu der Zeit herrschte im Norden von Deutschland schon mächtig das »Pokémon-Fieber«, von dem sich meine Kinder natürlich gerne im Nu anstecken ließen. Abends traf ich mich meistens mit einigen anderen Müttern im Seidenmalraum. Mit der Musik von Andrea Bocelli im Hintergrund ließen wir phantasievoll Farben »klirren« und manchmal gönnten wir uns auch heimlich ein Glas Wein. Kleine Kunstwerke entstanden in diesen drei Wochen, und ich gewann so viel Freude an der

Seidenmalerei, dass ich heute auch zu Hause male.

Wenn wir Mütter unsere Gesprächsrunde hatten, die von einer Psychologin begleitet wurde, und ich all die Sorgen und Probleme hörte, die jede vortrug, fühlte ich mich nicht selten in die Zeit vor meiner Erkrankung zurückversetzt. Viele hatten ähnliche Probleme wie ich damals: Stress, innere Unzufriedenheit, Langeweile zu Hause ... Andere plagten sich mit Beziehungskonflikten, Abmagerungskuren und dem Problem des Altwerdens. Mit wie vielen oberflächlichen Kleinigkeiten hatte ich mich belastet. Ich erinnerte mich, dass ich fast jeden Mittag unzufrieden wurde, nur weil ich, von meinem Job zu Hause angelangt, unbedingt sofort die Post lesen wollte. Dies erwies sich aber jedes mal als unmöglich, da meine Kinder über mich herfielen, mir tausend Fragen stellten und meine volle Aufmerksamkeit verlangten. Heute hat die Post nicht mehr diesen Stellenwert. Viel schöner ist es, mich mit meinen Kindern zu befassen und ihnen zuzuhören. Post kann auch bis zum Abend im Kasten liegen.

Während dieser Gesprächsrunde wollte ich manchmal schreien: »Hört auf, seid still!« und allen Müttern die Augen öffnen, allen zeigen, wie wunderbar Leben ist, wie kostbar jede einzelne Minute und welch ein Luxus Gesundheit ist. Jedoch tat ich es nicht, denn ich wußte, dass ich dadurch nichts erreichen würde. Ich hatte Krebs, die anderen ja nicht. Warum sollten sie sich von mir bekehren lassen? Früher hatten mich Nachrichten von schrecklichen Unfällen oder Schicksalsschläge anderer auch nicht von meinem Lebensstil abbringen können. Nun saß ich da mit der Angst im Nacken, vielleicht Metastasen in meinen Knochen zu haben, und liebend gern hätte ich so manches Mal mit einer Mutter zwar die Sorgen getauscht – nicht aber mein jetziges Leben.

Ich erholte mich gut in Timmendorf und bereitete mich in dieser Zeit sowohl psychisch als auch physisch auf meine bevorstehende Operation vor. Häufig, wenn ich morgens allein zum Strand ging, mich in den Sand setzte und aufs Meer hinausschaute, sprach ich mit Tom. Ihm erzählte ich von meiner Furcht vor der Operation, vor möglichen Metastasen und deren Konsequenzen. Fragen über Fragen stellte ich Tom. Würde ich ein künstliches Becken bekommen? Sind Knochenmetastasen überhaupt noch zu behandeln? Kann man dann noch von Heilung sprechen? Wie groß wären meine Schmerzen? Wie lange würde ich dann noch leben? Tom gab mir so gut er konnte auf jede Frage eine Antwort und beruhigte mich.

Eines Tages sagte er mir, dass unser Leben so geheimnisvoll sei, wie die Schiffe, die man am Horizont erspähen konnte. Man weiß nicht, woher sie kommen und wohin sie fahren. Manchmal schaute ich ihnen lange nach.

Meinen Körper verwöhnte ich mit viel frischer Luft und Bewegung. Zu keinem Zeitpunkt hatte ich ein schlechtes Gewissen, dass ich mich nicht sofort hatte operieren lassen, und zu keinem Zeitpunkt war meine Angst vor dem Ungewissen so groß, dass sie mir meine Lebensfreude nahm.

Am Ende der Kur wollten wir am liebsten alle noch bleiben. Meine Kinder und ich fuhren mit vielen schönen Erinnerungen und noch mehr Schätzen für die Zukunft nach Hause.

Mit einem »guten Gefühl« konnte ich jetzt in die Klinik gehen, um mich operieren zu lassen.

Der Termin stand fest, ich wurde bereits erwartet.

Station 3 – Uniklinik

*I*ch höre doch etwas? Was ist das? Die Tür fliegt auf und eine Herde »Weißkittel« stürmt in mein Zimmer. Ich blinzele – helles Neonlicht blendet meine Augen. Oh nein, Chefvisite, dabei bin ich doch noch sooo müde! Es ist ganz bestimmt erst kurz nach sechs, oder?

»PE, os ilium links, vor fünf Tagen. Problemloser, postoperativer Verlauf. Patientin hatte 98 Mama Ca«, lautet die Begrüßung.

»Genau«, werfe ich ein, »und mir geht es blendend.«

Eine Ärzteschar begutachtet meine Wunde und ich lobe, wie gut die Naht doch aussieht.

Nach wenigen Minuten wandert die Herde wieder nach draußen. Ein »Gute Besserung« höre ich noch vom Professor und die Tür geht zu, dann ist es wieder still, das Licht ausgeschaltet, meine Augen können sich entspannen. Wollte ich die Ärzte nicht noch irgend etwas gefragt haben? Mist, schon wieder vergessen! Heute Abend werde ich mir das aufschreiben.

»Tom! Hallo Tom! Du hast ja ganz schön viel erzählt, während ich schlief.«
　»Die Wahrheit, nichts als die Wahrheit.«
　»Ja, ich weiß, Tom, und das hast du super gemacht. Das ist der Stoff für unser Buch, nicht wahr?«
　»Das denke ich auch, und es tut so gut, alles noch einmal durchlebt zu haben.«
　»Ja, wirklich! Ich fühle mich schon wieder ganz schön fit und nicht mehr so schläfrig, wer erzählt denn nun weiter, du oder ich?«
　»Ja wir natürlich!«

Ich bin mittlerweile »schlauchfrei«! Die lästigen Drainagen wurden gestern gezogen und Infusionen erhalte ich seit letzter Nacht auch nicht mehr. Wie schön, heute wird das Waschen weniger mühselig werden. Vor drei Tagen war es noch äußerst schwierig, überhaupt zur Toilette zu kommen, mit so vielen Schläuchen – und Gehhilfen noch dazu! Ich war jedes Mal auf Hilfe angewiesen. Wenn ich schellte und der Stimme aus meinem Nachtschrank sagte, dass ich zum Klo müsse, wartete ich außerdem nicht selten ewig lang, bis eine Schwester oder ein Pfleger kam, um mich zur Toilette zu bugsieren. Ich pinkelte mir manchmal fast in die Hose, so dass ich mir schon überlegt hatte, ob ich der Stimme aus meinem Nachtschrank nicht einfach elendig zuflüstern sollte, dass ich gleich kotzen müsse, dann wäre sicherlich sofort jemand gekommen. Aber diese Not habe ich ja jetzt Gott sei Dank nicht mehr, ich komme allein zum Klo, das hatte ich in der Nacht schon mit Erfolg getestet. Und es ist ein herrliches Gefühl, wenn man nach so einer anstrengenden, ersten, allein durchgeführten, erfolgreichen Aktion wieder in den weichen Kissen liegt und sich stolz auf die Schultern klopfen kann. Kleiner Erfolg, großes Lob, und wieder bin ich meinem Ziel ein bisschen näher gekommen, wieder laufen zu können. Ich freue mich – ja wirklich. Meine großen Freuden sind die kleinen Fortschritte, die ich täglich mache, wenn ich sehe, dass die Wunde zuheilt, wenn die Schmerzen nachlassen, wenn ich mobiler werde und wieder Hunger verspüre. Es ist doch ein Wunderwerk, was der Körper alles schafft, dass er sofort anfängt zu reparieren und zum richtigen Zeitpunkt auch wieder damit aufhört.

Täglich setze ich mir kleine Ziele. Nach der Operation sah ich zu, keine Schmerzen zu haben und drückte ziemlich häufig auf den Knopf der Morphiumpumpe, außerdem gelang es mir, meine Füße kräftig zu bewegen.

Am nächsten Tag wollte ich schon auf der Seite liegen und natürlich nicht mehr auf die Bettpfanne. Heute möchte ich mit der Krankengymnastik wieder ein Stückchen weiter kommen – vielleicht klappt es ja, wenn nicht, ist das aber auch nicht schlimm. Es ist immens wichtig, selbst eine Menge dafür zu tun, um wieder gesund zu werden. Die Ärzte können uns nicht heilen, sie können uns dabei nur helfen, indem sie operativ reparieren oder uns Medikamente geben. Aber den großen, entscheidenden Teil müssen wir selbst leisten. Wir müssen selber für gute Atmung und frische Luft im Zimmer sorgen, damit unser Körper mit Sauerstoff versorgt wird und wir zum Beispiel keine Lungenentzündung bekommen; wir müssen ein Gespür dafür entwickeln, was wir uns jeden Tag zumuten können, ohne uns zu überfordern. Wir müssen uns darum kümmern, dass Freunde oder Familienangehörige Obst und andere nahrhafte Lebensmittel mitbringen, da Krankenhauskost, zumindest was ihren Vitamingehalt betrifft, meistens mangelhaft ist. Und vor allem müssen wir dafür Sorge tragen, dass wir uns freuen können, und zwar jeden Tag. Dann werden wir zum »Täter« der eigenen Gesundheit... und vielleicht auch gesund.

Einst lernte ich im Krankenhaus eine Frau kennen, die wegen Metastasen ein neues

Becken bekommen hatte. Die Operation war gelungen, sie war frei von Metastasen und trotzdem hatte sie es nicht geschafft, sich dem Leben zuzuwenden – sie verbrachte noch zehn Monate im Krankenhaus, bis sie starb. Der Verlauf war furchtbar. Jeden Tag sah sie ihre Zukunft in dunklem Licht, wurde immer trauriger und deprimierter. Weinend erzählte sie mir, dass sie leben wollte, dass sie aber wohl nie mehr würde richtig laufen können, dass selbst der Weg zur Toilette die Hölle, alles ausweglos und einfach schrecklich sei. Zusehends wurde sie schwächer und zu irgendeinem Zeitpunkt ließ sie alles nur noch geschehen, völlig vergessend, dass sie lebte, dass sie schmecken, riechen und hören konnte; sie vergaß sogar darauf zu achten, wann ihre Schmerzen nachließen und versagte sich so jegliche Freude. Dabei sind es diese kleinen, »glücklichen« Momente, die man regelrecht auskosten sollte, um Kraft zu schöpfen. Jeder ist für sich selbst verantwortlich – im hohen Maße auch für seine Genesung!

Ich habe mich hier richtig gemütlich eingerichtet. Mein großer Trinkbecher, der für mich so etwas wie ein Talisman ist, steht auf meinem Nachttisch, zahlreiche Cappuccino Instanttütchen, meine Lieblingsmarmelade, Nutella und natürlich Kekse sowie andere Naschereien füllen seine Schubladen. Einen

»Walkman« mit meinen Lieblingskassetten, ein kleines Radio, Bücher, eine wohlduftende Körperlotion und vieles andere mehr habe ich mir für mein Wohlergehen mit ins Krankenhaus genommen. Sogar eine ziemlich große Leinwand mit einer Fotografie von blühenden Osterglocken hat mir mein Mann einen Tag nach der OP vor meinem Bett aufgestellt, da ich die kahlen, bilderlosen Wände nicht mehr sehen konnte. Jetzt brauche ich eigentlich nur noch gesund zu werden. Medizinisch fühle ich mich in guten Händen. Mit Ärzten sowie Schwestern verstehe ich mich gut und das ist für mich äußerst wichtig, denn sie sind während meines Aufenthaltes hier die Bezugspersonen. Sie sehe ich zur Zeit wesentlich häufiger als Freunde oder meine Familie. Sie versorgen und pflegen mich. Als ich diese große Klinik zum ersten Mal betrat, bangte es mir und ich glaubte nicht, eine fürsorgliche Betreuung erwarten zu können. Einen Tag vor der Operation, als mir alles und alle noch fremd waren, teilte ich meine Ängste und Sorgen mit. Ich bat die Ärzte, nach der OP doch ab und zu in mein Zimmer zu schauen, und die Schwestern ließ ich meine Traurigkeit wissen. Da ich ehrlich meine Gefühle ausdrücken konnte, wird mir auch die gewünschte, menschliche Fürsorge zuteil.

Natürlich überfällt mich auch manchmal

der »Riesen-Koller«, wenn ich es vor lauter Heimweh und Sehnsucht nach dem Leben kaum noch im Bett aushalte und am liebsten »türmen« würde – nach Hause. Meistens versorge ich mich dann mit positiven Botschaften, lenke mich ab, indem ich lese oder Fensterbilder mit Window-Colour male oder ich mache eine Bestandsaufnahme, so wie damals in Holland, die mir zeigt, dass doch eigentlich alles gar nicht so schlimm ist. Aber vor allem die Erkenntnis, dass ich einige Dinge eben nicht ändern kann, beruhigt wieder mein Gemüt. Manchmal weine ich, dann fließen über Stunden Tränen, bis ich mich besser fühle.

Mein Telefon klingelt. So früh am Morgen?
»Hallo?«
»Hallo Mama!«
»Sebastian! Das finde ich aber schön, dass du anrufst. Erzähl, wie geht es dir?«
»Ach, gut, ich wollte nur einmal wissen, wie es dir geht? Ist Häschen noch unterwegs oder schon wieder bei dir im Bett?« Häschen ist Sebastians Kuscheltier, das mir im Krankenhaus Gesellschaft leisten und mich trösten soll, wenn ich traurig bin. Allerdings nimmt Häschen jeden Abend Reißaus, geht auf Abenteuerreise und taucht erst am anderen Morgen wieder auf, manchmal völlig er-

schöpft. Unter meiner Bettdecke erzählt es mir dann, was es erlebt hat. Wenn ich wieder zu Hause bin, werde ich Sebastian und den anderen beiden berichten, was Häschen so alles angestellt hat. Alle sind schon ganz gespannt.

»Also, mir geht es schon viel besser und Häschen ist immer noch auf Wanderschaft. Bestimmt ist es in der Großküche und stibitzt eine paar Möhren. Sind nicht Möhren seine Lieblingsspeise?«

»Ja, genau Mama! Da wird es wohl sein, in der Großküche! Dann bekommen alle Patienten keine Möhren diese Woche! Mama, rufst du mich an, wenn es zurück kommt?«

»Dann bist du sicherlich schon in der Schule. Du kannst mich heute Nachmittag ja zurückrufen.«

»O.K., mach ich.«

»Tschüüüüß, Mama!«, rufen Lionel und Charlotte im Hintergrund – sie haben mitgehört.

Meine Kinder rufen mich jeden Tag mehrmals an. Oft fragen sie, wann ich nach Hause komme. Zu Nikolaus soll ich wieder zu Hause sein. Spätestens aber zu Weihnachten. Das wird wohl auch klappen, denke ich. Nur die Spaziergänge über den Weihnachtsmarkt werde ich wohl kaum unternehmen können.

Ah! – das Frühstück kommt. Ich mache es mir gemütlich und zünde eine Kerze an.

Draußen ist es schon richtig winterlich. Dunstschleier liegen über den Straßen, das Klinikgelände versinkt im Nebel. Mein Herbstbaum, der inzwischen all seine Blätter verloren hat, wirkt geradezu gespenstisch – mit seinen schwarzen Ästen im unendlichen Weiß. Und sonderbar still ist es heute Morgen, weder höre ich das Donnern der Straßenbahn noch sonst irgendein Geräusch von dem Leben da draußen. Vielleicht schlummert es ja noch – das Leben. Oder ist es dieses endlose weiße Gewand, das alles noch zudeckt zu dieser frühen Stunde?

Zähle ich all meine Krankenhausaufenthalte zusammen, so war ich sicherlich schon mehr als achtzehn Monate in den letzten vier Jahren von zu Hause weg. Achtzehn Monate, das sind 540 Tage oder 12960 Stunden.

12960 Stunden, ausgesperrt vom Leben, getrennt von meiner Familie. Dabei ist die Trennung von meinen Kindern das Schlimmste für mich. Manchmal habe ich Angst, dass ihnen etwas zustößt, weil ich im richtigen Augenblick nicht da bin. Letztes Jahr wurde meine Tochter an einem Sonntag über Stunden gesucht und erst durch den Einsatz eines Polizeihubschraubers konnte sie gefunden werden. Auf der Suche nach einem Kaugummiautomaten hatte sie sich mit ihrer Freundin zu weit von unserem Haus entfernt und fand nicht mehr zurück. Seitdem mache ich mir Sorgen, wenn ich es nicht kontrollieren kann, wo sie steckt. Manchmal quälen mich auch schreckliche Alpträume. Vor zwei Tagen träumte ich, dass Sebastian ein riesiges Erdloch entdeckt hätte. Es war mehrere Hundert Meter tief. Sorgfältig deckte er es mit Heu und Ästen ab, so dass von ihm nichts mehr zu sehen war. »Jetzt habe ich das Loch so gut abgedeckt, dass ich darauf springen kann, ohne dass ich einstürze«, rief er mir stolz zu. Ich war zu weit von ihm entfernt, schrie, dass er nicht springen dürfe, ich wollte losrennen, konnte mich aber nicht bewegen, ich war wie gelähmt. Er sprang. Natürlich gab das Geäst nach, ich sah in Zeitlupe, wie mein Kind verschwand, ins endlos Tiefe. Ich hörte seine Schreie, immer wieder, bis sie verhallten. Ich sprang ihm nach – dann wurde ich wach. Mein Schluchzen wurde zum Weinen, ich konnte gar nicht mehr aufhören. Nach Stunden erst hörte ich Toms Stimme:

»Es ist völlig in Ordnung, dass du so etwas träumst. So verarbeitest du deine Ängste, das ist sogar wichtig. Es ist überhaupt nichts passiert, Sebastian liegt in seinem Bettchen und schläft. Bedenke, dass du, selbst wenn du zu Hause bist, Unfälle nicht immer vermeiden kannst. In der Schule, im Kin-

dergarten, beim Spielen auf dem Spielplatz, überall lauern Gefahren ...«

Als erstes telefonierte ich mit Sebastian, als ich am Morgen darauf aufwachte. Ihm ging es natürlich bestens und er fragte mich sofort, ob Häschen den Teddy Eddy – das Kuscheltier von Lionel – in der Nacht getroffen hätte. Er meinte, die beiden hätten sich verabredet, um auf dem Weihnachtsmarkt heimlich Karussell zu fahren.

»He, dein Kaffee wird kalt! Willst du nicht mal frühstücken? Wollte dich bloß mal dran erinnern, du könntest ruhig ein bisschen mehr auf deine Rippen kriegen!«, ermahnte mich Tom.

Ja, stimmt, und ich habe auch großen Hunger. Aus meinem Nachtschrank fische ich nach einem Glas »Nutella«, dabei fallen mehrere Hüllen von »Mon chéri«-Pralinen zu Boden. Ach ja – das war sehr köstlich letzte Nacht. Nachdem ich nach meinem anstrengenden Toilettengang nicht mehr so schnell einschlafen konnte, gelüstete es mich plötzlich nach etwas Leckerem. So aß ich zum ersten Mal in meinem Leben mitten in der Nacht »Mon chéri«. Wenn alles still ist, wenn man nichts anderes als das Schwarz der Nacht sieht, kann eine Praline im Mund zu einem unvergesslichen Genuss werden. Sollte ich es kommende Nacht mal mit Nougatschokolade probieren? Zu Hause schmeckt sie aber bestimmt noch besser . . .

Ich hoffe, dass ich bald wieder bei meiner Familie sein kann, also: carpe diem ..., ich habe heute noch viel vor.

Es wird sicherlich ein schöner Tag.

In die Zukunft ...

Das wohl schönste Weihnachtsgeschenk, dass ich je in meinem Leben bekommen habe, war der pathologische Befund, der am 21. Dezember 1999 eintraf. Die Veränderung in meinem Beckenknochen war nicht bösartig.

Nach zwei Wochen Uniklinik hatte ich mich in das Fachkrankenhaus nach Ratingen verlegen lassen. Auch dort wurde ich sehr gut betreut, und täglich konnten meine Kinder mich besuchen kommen. Weihnachten durfte ich für ein paar Tage nach Hause, und wir verbrachten gemeinsam eine friedvolle und glückliche Zeit. Leider musste ich wegen eines Infekts noch bis Februar 2000 in der Klinik bleiben. Ich nutzte jedoch die Zeit, um dieses Buch zu schreiben.

Geschwächt durch das wochenlange Liegen, dauerte es einige Zeit, bis ich wieder zu Kräften kam. Als das Frühjahr begann, entdeckte ich, dass mir »walking« – schnelles Gehen – Spaß machte. Allmorgendlich traf ich mich mit zwei Nachbarinnen zum »walken«. Eine gute Stunde liefen wir um einen in unserer Nähe gelegenen See. Ich genoss die Natur, wenn sie in diesen frühen Morgenstunden erwachte und ihren zarten Duft verströmte. Die Luft war so rein, so frisch, dass ich sie förmlich schmecken konnte. Dieser »lebendige« Start in den Tag tat meiner Seele und meinem Körper gut. Nach drei Monaten feierte ich mein hervorragendes Blutbild. Helfer- sowie Killerzellen hatten sich verdoppelt. Auch die roten Blutkörperchen lagen erstmals seit der Chemo im Normbereich.

Anfang Juni 2000 musste ich erneut in die »Röhre«.

»Sie haben mehrere Rundherde in Ihrem Schienbein«, sagte mir der Radiologe, als er mir das Kontrastmittel spritzte.

»Nein Tom, nicht schon wieder, Tom ich will DAS nicht mehr ...«

»Schschschscht – bleibe ruhig und lausche, horch:

Ich flüstere dir vom Leben . . . «

Literaturhinweise

WIEDER GESUND WERDEN
O. Carl Simonton, Rowohlt Verlag
Eine Anleitung zur Aktivierung der
Selbstheilungskräfte für Krebspatienten

HEILENDE ENERGIE
Leonard Laskow, Wilhelm Heyne Verlag
Einführung in die Medizin der inneren
Kräfte

PROGNOSE HOFFNUNG
Dr. Bernie Siegel, Econ & List Taschenbuch
Liebe, Medizin, Wunder »Ein Buch, dass
jeder Arzt und Patient lesen sollte«

PSYCHOTHERAPIE GEGEN DEN KREBS
Lawrence LeShan, Klett-Cotta Verlag
Über die Bedeutung emotionaler Faktoren
bei der Entstehung u. Heilung von Krebs

DIE SELBSTBEMEISTERUNG DURCH
BEWUSSTE AUTOSUGGESTION
Emil Coué, Schwabe & Co.AG Verlag
Nicht der Wille ist der Antrieb unseres
Handelns, sondern die Vorstellungskraft

DAS TIBETISCHE BUCH VOM LEBEN UND VOM
STERBEN
Sogyal Rinpoche, Otto Wilhelm Barth Verlag
Lehren und Meditationsanweisungen,
durch die der Tod seinen Schrecken verliert
und der Alltag an Authentizität und Lebens
freude gewinnt

DAS POWERPRINZIP
Anthony Robbins, Wilhelm Heyne Verlag,
München
Wie Sie Ihre persönlichen Schwächen in
positive Energie verwandeln können

KRANKHEIT ALS WEG
Thorwald Dethlefsen, Rüdiger Dahlke,
Goldmann Verlag
Deutung und Bedeutung der
Krankheitsbilder

LEBEN DIE ZWEITE
Cornelia Römer, House of the Poets
Krebs, eine Krankheit führt Regie!?

ICH LIEBE UND ICH LEBE
Denise de Boer, Bruckmann Verlag
Die persöliche Geschichte einer an Krebs
Krebs erkrankten Frau. Spendet Mut und
Hoffnung

**ICH HABE MIR EINEN OLIVENBAUM
VERSPROCHEN**
Elisabeth Lückheide, Peter Erd Verlag
E. Lückheide beschreibt ihren Weg, die
Krankheit Krebs zu besiegen

*Übungskassetten zur Entspannung
und Aktivierung der Selbstheilungskräfte*

HEIL-MEDITATION »KREBS«
Dr. med. Rüdiger Dahlke, Hermann Bauer
Verlag
Ermöglicht einen Einblick in das Wesen der
Krebskrankheit und regt zur aktiven geistigen
Bekämpfung des Tumors an

DER INNERE ARZT
Dr. med. Rüdiger Dahlke, Hermann Bauer
Verlag
»Medicus curat – natura sanat«, verhilft, die
seelischen Heilkräfte zur Genesung
einzusetzen

TIEFENENTSPANNUNG
Dr. med. Rüdiger Dahlke, Hermann Bauer
Verlag
Ziel ist, sich in der Entspannung von
Vergangenheit und Zukunft zu
lösen und das Hier und Jetzt zu leben.

DAS MEER
GBMusic, Tel.: 0201/200039
Zum entspannen, träumen und genießen

Adressen

VIVA-Zentrum für psychologische Beratung und Gesundheit
Gabriele Jaeth, Psychotherapeutin
Freiligrathring 1, 40878 Ratingen
Tel.: 02102/27310

Onkologische Tagesklinik
Praxis Dr. Wurms
Karlstr. 6, 40210 Düsseldorf
Tel.: 0211/354005

Gesellschaft für Biologische Krebsabwehr
Hauptstr. 27, 69117 Heidelberg
Tel.: 06221/138020

Krebsinformationsdienst des deutschen Krebsforschungszentrums in Heidelberg, (KID)
Tel.: 06221/410121